ELLE TRICOTE

ses grigris, ses écharpes et Cie

ELLE TRICOTE

ses grigris, ses écharpes et Cie

HIKARU NOGUCHI

Photographies de
KOJI UDO ET HIROKO MORI

STYLISME DE SONIA LUCANO

MADE IN **MARABOUT**
100 % CRÉATEUR

sommaire

cahier de techniques

J'aime les travaux d'aiguille sous toutes leurs formes. Au cours des années, j'ai pratiqué tour à tour le tricot, le crochet, la broderie, l'appliqué, le patchwork et le tissage. L'emploi de techniques variées, souvent au sein du même ouvrage, me pousse généralement à adopter une approche simple. Les techniques élémentaires utilisées pour confectionner la plupart des modèles présentés dans ce livre permettront aux débutantes d'obtenir des résultats satisfaisants et raviront les tricoteuses et crocheteuses les plus expérimentées, qui apprécieront leur simplicité et seront sans doute étonnées des splendides résultats qu'elles permettent d'obtenir.

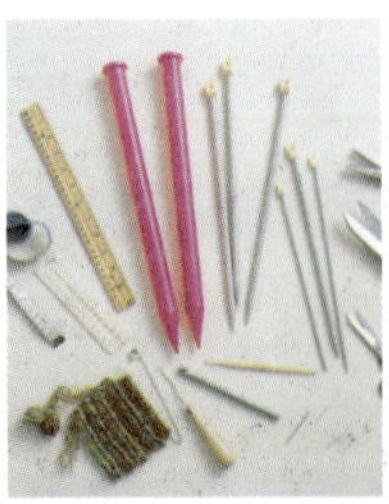

Le tricot

Montage des mailles

PREMIÈRE MÉTHODE

1 – Faites une première boucle nouée et glissez-la sur une aiguille.

2 – Tenez l'aiguille dans une main, faites une boucle de fil avec l'autre main et glissez-la sur l'aiguille. Continuez ainsi jusqu'à obtenir le nombre de maille requis.

Lorsque vous formez les boucles, tirez toujours de la même façon sur le fil afin d'obtenir un rang de montage régulier.

DEUXIÈME MÉTHODE

1 – Entourez votre pouce avec la laine, en gardant une longueur de laine d'au moins trois fois la largeur de l'ouvrage.

2 – Avec l'autre main, piquez une aiguille dans la boucle de fil située sur votre pouce, entourez l'aiguille avec le fil venant de la pelote et ramenez l'aiguille et le fil à travers la boucle.

3 – Laissez tomber la boucle de base de votre pouce et tirez un peu dessus pour resserrer la maille sur l'aiguille.

Veillez à obtenir la même tension pour toutes les mailles.

Arrêt des mailles

1 – Tricotez deux mailles, puis piquez l'aiguille gauche dans la première maille tricotée, faites-la passer par-dessus la deuxième et laissez-la tomber.

2 – Tricotez la maille suivante, faites passer la première maille de l'aiguille droite par-dessus la deuxième et laissez-la tomber. Continuez ainsi autant de fois que vous avez de mailles à rabattre.

3 – Lorsqu'il ne reste plus qu'une maille, cassez le fil, agrandissez la maille pour l'agrandir, puis passez le fil dans la maille et tirez dessus pour arrêter le travail.

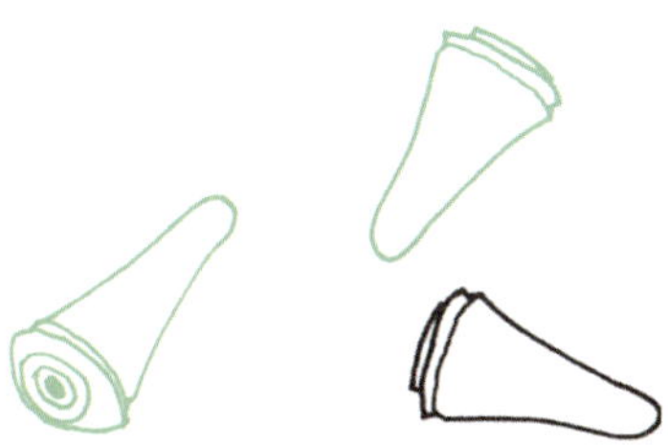

suite >>>

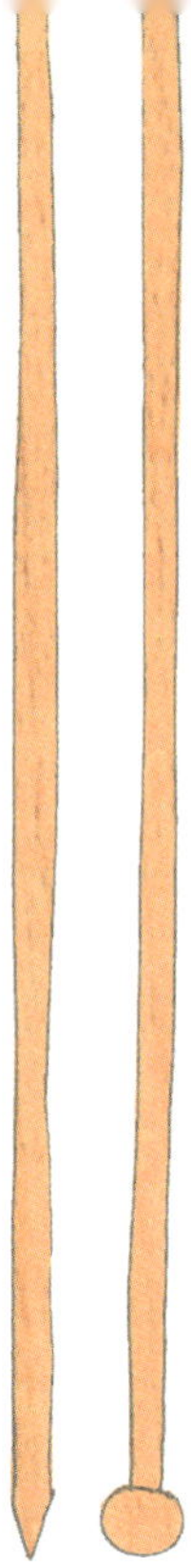

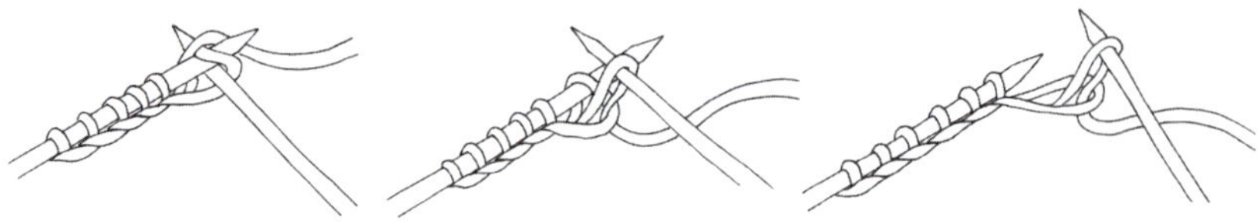

Maille endroit

1 – Fil derrière l'ouvrage, piquez l'aiguille droite d'avant en arrière dans la première maille de l'aiguille gauche.

2 – Passez le fil autour de l'aiguille droite, d'arrière en avant, puis ramenez la pointe de l'aiguille et la boucle qu'elle porte à travers la maille, devant l'aiguille gauche, de façon à former une nouvelle maille, ensuite laissez tomber la maille de l'aiguille gauche.

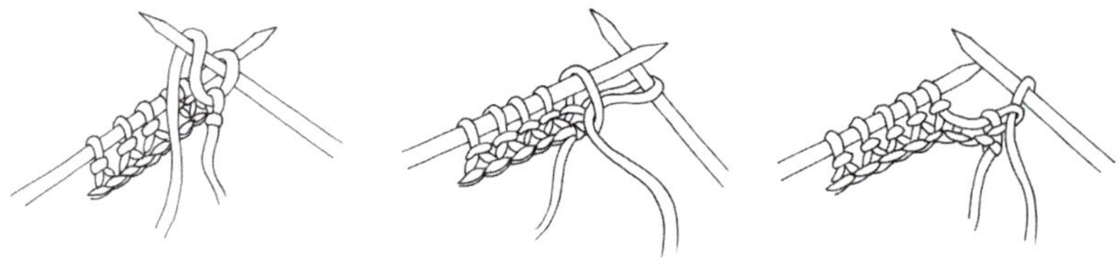

Maille envers

1 – Fil devant l'ouvrage, piquez l'aiguille droite de droite à gauche dans la première maille de l'aiguille gauche.

2 – Passez le fil autour de l'aiguille droite dans le sens inverse des aiguilles d'une montre.

3 – Ramenez la pointe de l'aiguille droite et le fil à travers la maille de base de façon à former une nouvelle boucle et laissez tomber la maille de l'aiguille gauche.

Côtes 1/1

Montez un nombre de mailles pair. Tricotez une maille à l'endroit et une maille à l'envers, et répétez ces deux mailles jusqu'à la fin du rang.

Tricotez tous les rangs de la même manière.

Point mousse

Le point mousse se forme en tricotant tous les rangs en mailles endroit.

Point jersey

Tricotez un rang entièrement en mailles endroit et le rang suivant entièrement en mailles envers.
Répétez toujours ces deux rangs.

Point de riz

Montez un nombre de mailles pair. Tricotez une maille à l'endroit et une maille à l'envers, et répétez ces deux mailles jusqu'à la fin du rang.
Au rang suivant, tricotez une maille à l'envers et une maille à l'endroit, et répétez ces deux mailles jusqu'à la fin du rang.
Répétez toujours ces deux rangs.

Diminution d'une maille

Il existe plusieurs façons de diminuer d'une maille.
Tricoter deux mailles endroit ensemble : piquez l'aiguille droite d'avant en arrière dans la deuxième et la première maille de l'aiguille gauche et tricotez-les ensemble.
Tricoter deux mailles envers ensemble : piquez l'aiguille droite de droite à gauche dans les deux premières mailles de l'aiguille gauche et tricotez-les ensemble.
Faire un surjet : piquez l'aiguille droite dans la première maille de l'aiguille gauche et glissez cette maille sur l'aiguille droite sans la tricoter. Tricotez la maille suivante, puis piquez l'aiguille gauche dans la maille glissée et faites-la passer par-dessus la maille tricotée.
Tricoter ensemble deux mailles endroit torses : piquer l'aiguille de droite au milieu de la première puis de la deuxième maille, et tricoter les deux mailles ensemble.

Augmentation d'une maille

Dans une maille endroit : piquez l'aiguille dans la maille de l'aiguille gauche et tricotez la maille à l'endroit sans la faire tomber de l'aiguille gauche. Piquez ensuite dans la maille comme pour faire une maille envers, tricotez-la et laissez tomber la maille de l'aiguille gauche.
Dans une maille envers : faites la même chose que pour une maille endroit, mais en tricotant d'abord la maille à l'envers puis à l'endroit.

Le crochet

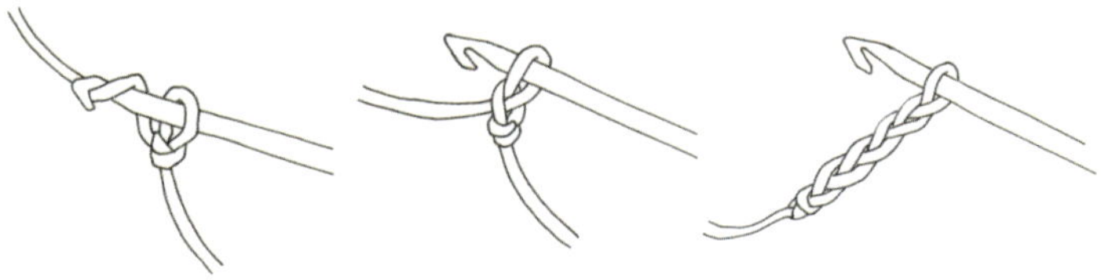

Chaînette de base

1 – Faites une boucle avec le fil, passez le crochet dans la boucle, attrapez le fil avec le crochet et tirez pour former un nœud coulant.

2 – Faites un jeté (enroulez le fil autour du crochet) et tirez une boucle à travers le nœud coulant pour former une maille en l'air. Pour les mailles en l'air suivantes, faites un jeté et tirez le fil à travers la maille. Les mailles en l'air servent à réaliser les chaînettes, qui sont à la base du crochet.

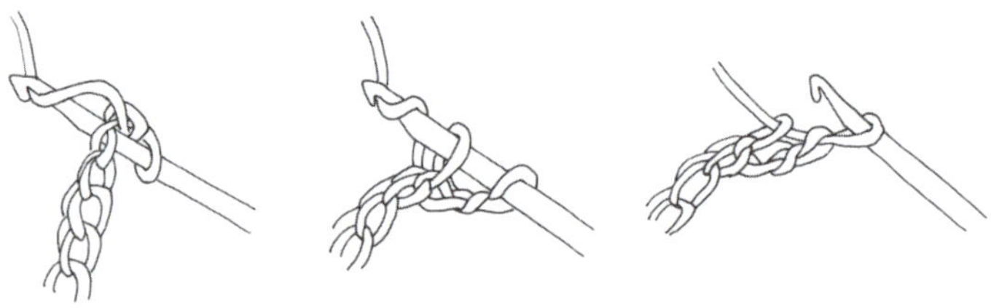

Maille serrée

1 – Faites une chaînette, puis piquez le crochet dans la deuxième maille à partir du crochet, faites un jeté (enroulez le fil autour du crochet) et tirez pour ramener une boucle. Vous obtenez deux boucles sur le crochet.

2 – Faites à nouveau un jeté et tirez à travers les deux boucles pour ramener une boucle.

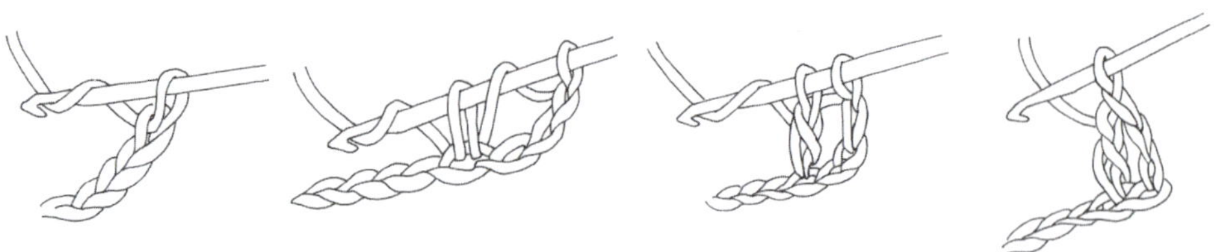

Bride

1 – Faites une chaînette, puis un jeté (enroulez le fil autour du crochet), comptez trois mailles à partir de la maille située sur le crochet et piquez dans cette troisième maille.

2 – Faites un jeté et tirez pour ramener une boucle. Vous obtenez trois boucles sur le crochet.

3 – Faites un nouveau jeté et tirez à travers les deux premières boucles du crochet. Il reste deux boucles sur le crochet.

4 – Faites encore un jeté et tirez à travers les deux boucles pour ramener une boucle.

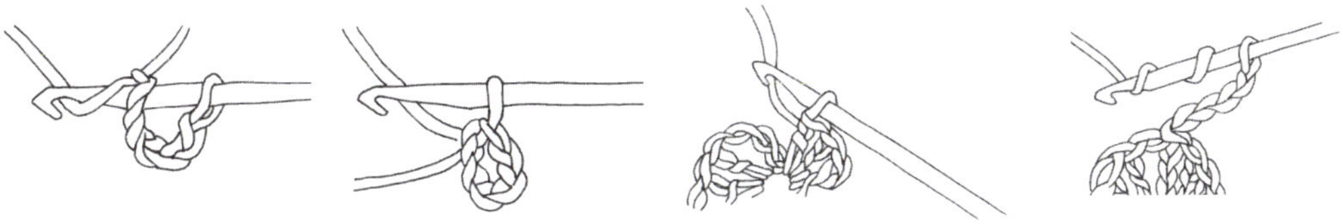

Crochet en rond

1 – Faites une chaînette.

2 – Piquez le crochet dans la première maille, faites un jeté (enroulez le fil autour du crochet) et tirez à travers les deux mailles (la première et la dernière maille de la chaînette) : c'est ce que l'on appelle faire une maille coulée.

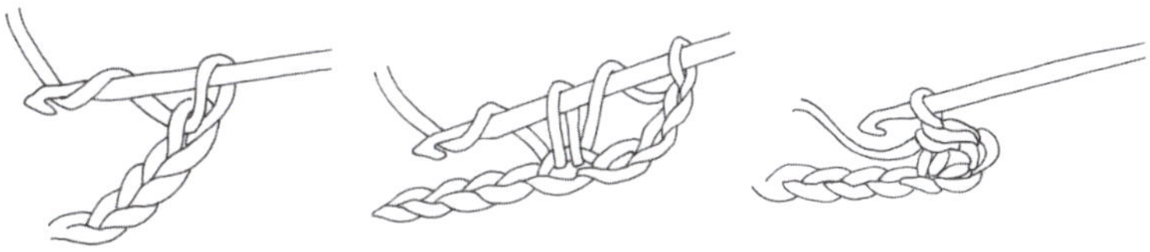

Demi-bride

1 – Faites une chaînette, comptez trois mailles après la maille sur le crochet et piquez dans cette maille.

2 – Faites un jeté (enroulez le fil autour du crochet) et ramenez le fil à travers la première boucle. Vous obtenez deux boucles sur le crochet.

3 – Faites un jeté et ramenez le fil à travers les deux boucles. Il reste une boucle sur le crochet.

Double bride

1 – Faites une chaînette. Faites ensuite un double jeté (enroulez deux fois le fil autour du crochet), comptez cinq mailles après la maille sur le crochet et piquez dans cette maille.

2 – Faites un jeté et ramenez le fil à travers une boucle. Vous obtenez quatre boucles sur le crochet.

3 – Faites un jeté et ramenez le fil à travers deux boucles. Il reste trois boucles sur le crochet.

4 – Faites un jeté et ramenez le fil à travers deux boucles. Il reste deux boucles sur le crochet.

5 – Faites un jeté et ramenez le fil à travers les deux dernière boucles. Il reste une boucle sur le crochet.

La broderie

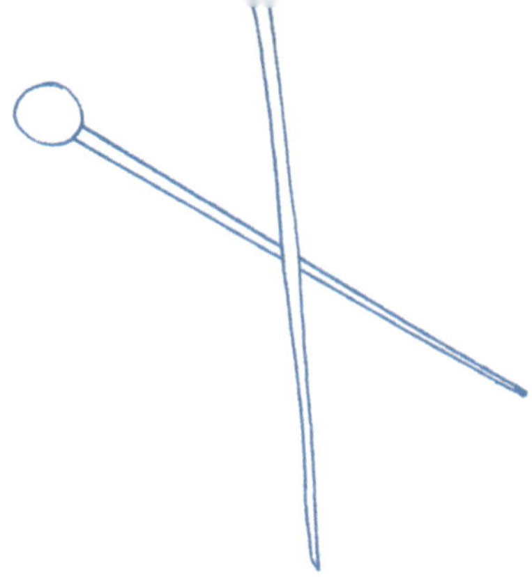

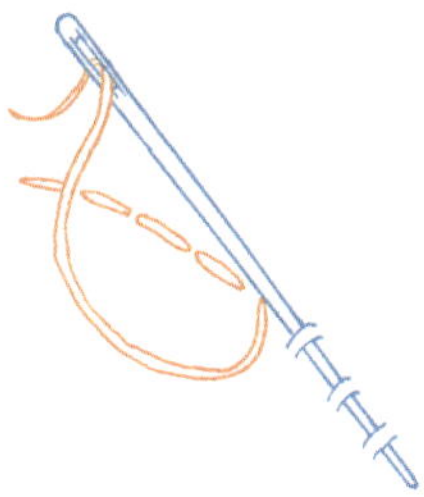

Point avant

1 – Sortez l'aiguille sur l'endroit du tissu, repiquez un peu plus loin à gauche, ressortez l'aiguille sur l'endroit et tirez délicatement sur le fil de façon à former un petit point droit.

2 – Piquez l'aiguille dans le tissu pour former un point de la même longueur que le premier, et répétez ces deux étapes le nombre de fois nécessaire. Les points et les espaces entre les points doivent être de la même longueur.

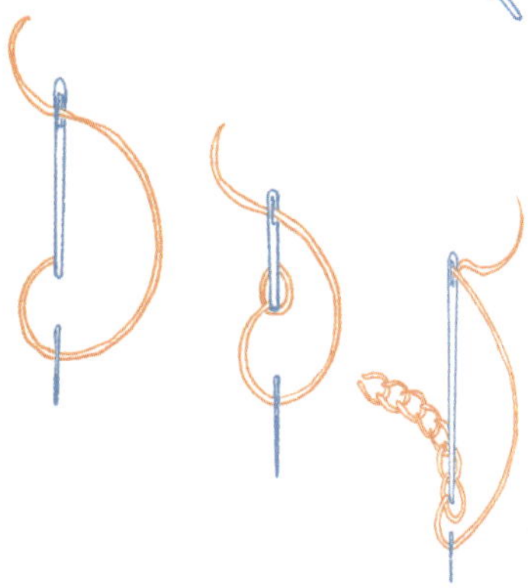

Point de chaînette

1 – Sortez l'aiguille sur l'endroit du tissu et repiquez dans le même trou pour former une boucle, sans tendre le fil.

2 – Ressortez l'aiguille un peu plus loin dans la boucle, la pointe de l'aiguille passant par-dessus le fil.

3 – Tirez sur le fil pour plaquer la boucle sur le tissu et faites de la même manière une deuxième boucle qui chevauche la première.

4 – Répétez l'opération pour former une rangée de boucles.

Point de chausson

1 – Sortez l'aiguille sur l'endroit du tissu, piquez en haut à droite et ressortez un peu à gauche. Tirez sur le fil pour former un grand point oblique sur le tissu.

2 – Piquez en bas et ressortez à gauche. Tirez sur le fil pour former un autre grand point oblique. Continuez toujours ainsi, en faisant des points obliques de même longueur, régulièrement espacés. Les points d'entrée et de sortie du fil doivent suivre deux lignes parallèles.

Point de tige

1 – Sortez l'aiguille sur l'endroit du tissu, repiquez un peu plus loin à droite pour former un grand point droit et ressortez l'aiguille au milieu, le fil toujours sur l'aiguille. Tirez sur le fil pour plaquer le point sur le tissu.

2 – Répétez l'étape 1 le nombre de fois voulu, en faisant toujours des points de même longueur, de façon à former une ligne continue.

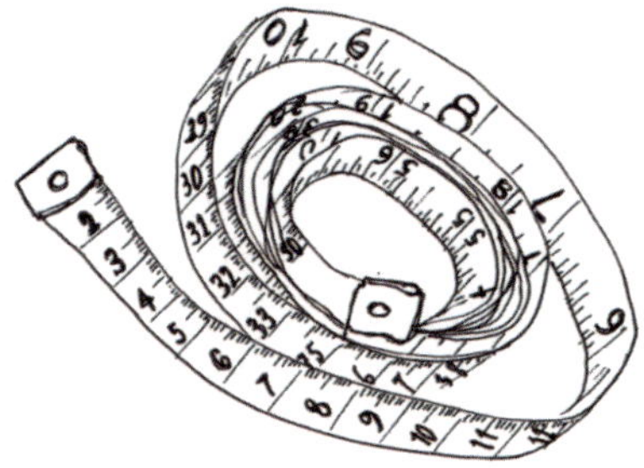

Point de nœud

1 – Sortez l'aiguille sur l'endroit du tissu, et maintenez le fil tendu à plat sur le tissu avec un doigt.

2 – Enroulez le fil plusieurs fois autour de la pointe de l'aiguille et repiquez juste à côté du point de sortie du fil.

3 – Faites glisser les boucles de fil sur l'aiguille le plus près possible du tissu, en guidant le fil avec un doigt, ressortez complètement l'aiguille sur l'envers et tirez sur le fil pour former un nœud sur l'endroit.

Point de feston

1 – Sortez l'aiguille sur l'endroit du travail, piquez en haut à droite et ressortez au-dessous, au même niveau que le point de sortie, en faisant passer l'aiguille par-dessus le fil.

2 – Tirez sur le fil pour bien plaquer le point sur le tissu, puis piquez en haut à droite et ressortez au-dessous, en faisant passer l'aiguille par-dessus le fil. Continuez toujours ainsi, en faisant des points de même hauteur.

Point de bouclette

1 – Sortez l'aiguille sur l'endroit du tissu, faites une boucle avec le fil sur le tissu, et repiquez l'aiguille dans le même trou.

2 – Sortez l'aiguille dans la boucle, tirez délicatement sur le fil pour bien plaquez la boucle sur le tissu et faites un petit point avant sur le fil pour maintenir la bouclette sur le tissu.

Appliqué

Cette technique consiste à coudre un morceau de tissu sur un autre, dans un but décoratif. Vous pouvez le faire en réalisant un point avant sur tout le tour de la forme à appliquer, avec un fil de même couleur ou de couleur contrastée pour créer un effet visuel. Vous pouvez aussi fixer l'appliqué en faisant sur tout le tour des petits points glissés invisibles. Lorsque vous faites ces points, piquez dans le tissu de support puis dans l'envers de l'appliqué, comme pour un ourlet.

Comment customiser ses matériaux

Les tissus et les fils disponibles dans le commerce sont si variés qu'il est parfois difficile de choisir la matière et le coloris les mieux adaptés à un modèle. Je pars toujours de matériaux de base de bonne qualité (laine mérinos, lambswool, angora, mohair, fil tweed, velours de coton, feutrine ou flanelle de laine), que je customise en les teignant, en les feutrant ou en les associant de manière originale. Vous pouvez facilement faire de même. Étudiez vos matériaux et demandez-vous comment les transformer pour en tirer le meilleur parti.
Dans notre société complètement uniformisée, les objets uniques sont de plus en plus prisés. Peu importe que votre pull ne soit pas parfaitement tricoté. Au contraire, son aspect fait main lui donne tout son charme… et du caractère en plus ! Ce côté artisanal est bien plus précieux que la perfection technique créée par une machine.
Les techniques simples qui suivent vous aideront à personnaliser vos matériaux.

La teinture

Malgré le vaste choix de fils et de tissus disponibles dans le commerce, je trouve rarement la nuance exacte que je souhaite utiliser. De toute façon, les ouvrages confectionnés avec des produits teints maison sont toujours plus originaux. C'est pourquoi j'essaie toujours d'inclure à mes modèles des fils et/ou des tissus teints par mes soins.

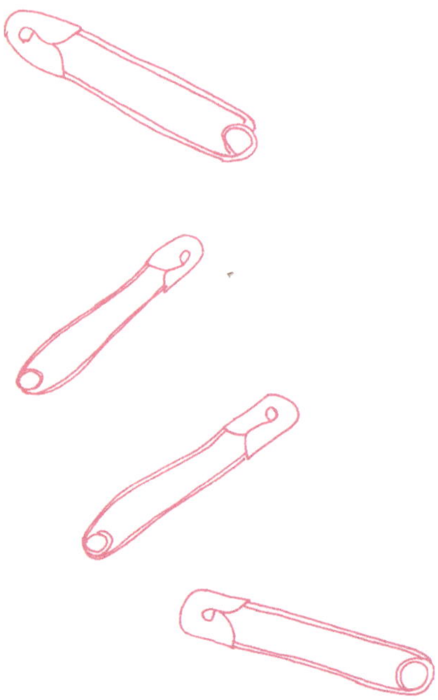

Une teinture naturelle

Les travaux d'aiguille sont un peu comme la cuisine ! Vous pouvez faire cuire des pâtes sèches et les servir avec une sauce du commerce, mais c'est nettement moins amusant et cela offre beaucoup moins de variété que de préparer des pâtes fraîches et de cuisiner une sauce maison !
Si vous n'avez pas peur de faire des expériences et que vous souhaitez créer des ouvrages uniques, vous pouvez teindre vos fils et tissus avec des produits naturels qui se trouvent sans doute déjà dans vos placards ! Le vin rouge permet d'obtenir un rouge tirant sur le rose, le thé fort donne un brun clair. Faire bouillir des fibres avec des feuilles d'épinards les rend vertes ; les faire bouillir avec des pelures d'oignon leur donne une teinte jaune pâle. Si vous préférez limiter les expériences, vous pouvez aussi utiliser une teinture prête à l'emploi. Ce type de produit offre une vaste gamme de coloris et, en plus, il est simple à utiliser puisqu'il suffit de suivre à la lettre les instructions du fabricant !

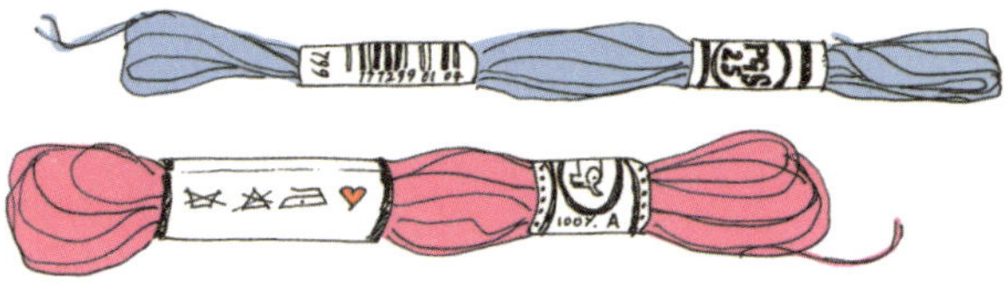

Une teinture différente selon le matériau utilisé

Avant de commencer, vous devez savoir qu'une même teinture donnera un résultat différent en fonction du matériau utilisé. C'est pourquoi vous pouvez obtenir deux nuances d'une même couleur si vous teignez du coton ou de la laine avec le même produit. Les tissus synthétiques sont presque toujours plus difficiles à teindre que ceux en fibres naturelles et, en fonction de la teinture, vous devrez parfois fixer la couleur en faisant tremper l'article dans de l'eau additionnée de sel ou de vinaigre. Avant d'acheter une teinture prête à l'emploi, vérifiez à quels matériaux elle est destinée.

Dosages et conservation

Un paquet de teinture en poudre peut contenir suffisamment de produit pour teindre des T-shirts ou un drap. Vous n'aurez pas besoin de la même quantité de teinture pour colorer un écheveau de fil à broder, un petit tricot ou 2 m de ruban. Prélevez la quantité dont vous avez besoin avec une cuillère à café et conservez le reste à l'abri de l'humidité, dans un petit récipient en plastique de type boîte à pellicules photos ou à perles.

N'oubliez pas que la teinture n'est pas réservée aux matériaux blancs. Si vous avez besoin de laine verte et ne trouvez pas la nuance de vert que vous recherchez, achetez de la laine vert pâle et teignez-la avec du jaune, du kaki ou du brun pour obtenir le coloris dont vous avez besoin.

Précautions d'usage

Lorsque vous manipulez de la teinture, portez toujours de vieux vêtements ; mettez un tablier en plastique pour éviter de les tacher et des gants en caoutchouc pour protéger vos ongles !

Regroupez tout ce dont vous aurez besoin avant de commencer. Un gros pot de confiture est parfait pour teindre une petite longueur de fil. En revanche, si vous teignez de grandes quantités de matériaux, vous pourrez avoir besoin d'un grand saladier, d'un fait-tout ou même d'un seau.

suite >>>

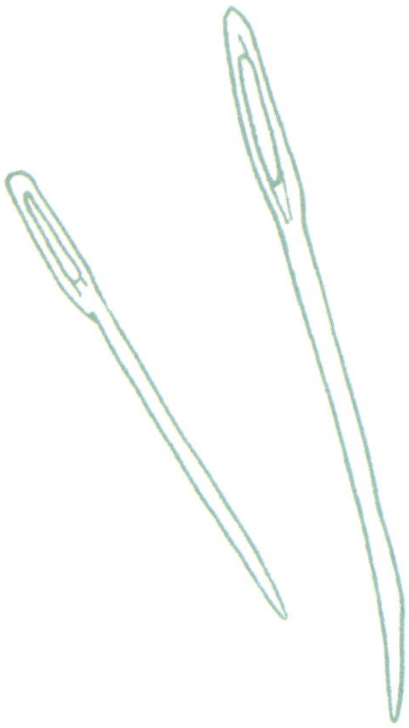

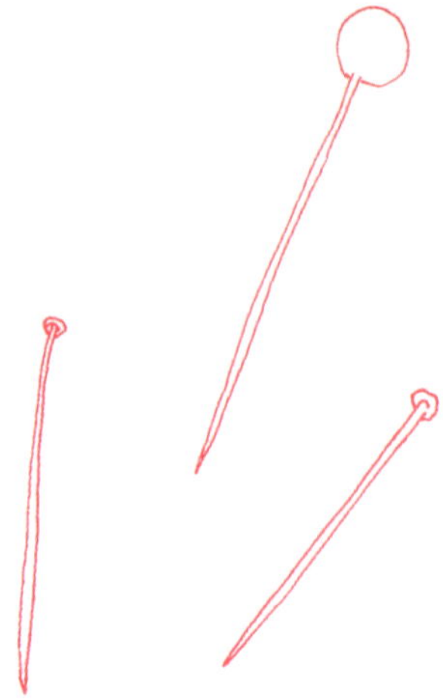

Comment teindre facilement une petite quantité de fil ou de tissu

Utilisez la méthode qui suit pour teindre du fil à broder ou un petit morceau de tricot ou de tissu.

1 – Imprégnez généreusement le matériau d'eau chaude.

2 – Mettez un tablier en plastique et des gants en caoutchouc. Dans un second récipient (destiné à recevoir la teinture, par exemple un gros pot à confiture), versez assez d'eau très chaude pour pouvoir immerger totalement le matériau ; ajoutez une cuillerée à café de sel et une cuilerée à café de teinture en poudre et mélangez bien.

3 – Si nécessaire, ajoutez de l'eau chaude et mélangez de nouveau, puis glissez le matériau dans le bocal. Si le bocal a un couvercle, fermez-le et secouez-le bien. Dans le cas contraire, remuez soigneusement pour bien imprégner les fibres (en veillant à ne pas vous éclabousser avec la teinture brûlante !).

4 – Laissez reposer 15 minutes puis ôtez le matériau avec une pince et rincez-le soigneusement à l'eau chaude. Si la couleur obtenue est trop claire, répétez les étapes 2 et 3 en utilisant davantage de teinture.

5 – Laissez sécher complètement puis passez le matériau à la vapeur.

Faites toujours un essai avec 50 cm de fil ou un petit morceau de tissu avant de teindre de plus grandes quantités.

Attention ! Les fibres de la laine raccourcissent quand on la plonge dans de l'eau chaude ; elles prennent du volume et changent légèrement de texture. Si vous pensez que ces modifications risquent de nuire à votre ouvrage, faites un essai sur une petite quantité avant de teindre tout le matériau nécessaire à sa confection.

Pour teindre une grande quantité de fil ou de tissu, utilisez un grand récipient en verre et chauffez l'eau au four à micro-ondes, en faisant très attention à ne pas vous brûler.

Ne vous étonnez pas si vous ne parvenez pas à recréer une couleur. Même les professionnels de la teinture ne produisent jamais deux fois exactement la même nuance. (C'est même pourquoi les étiquettes des pelotes et écheveaux de fil portent un numéro de bain.)

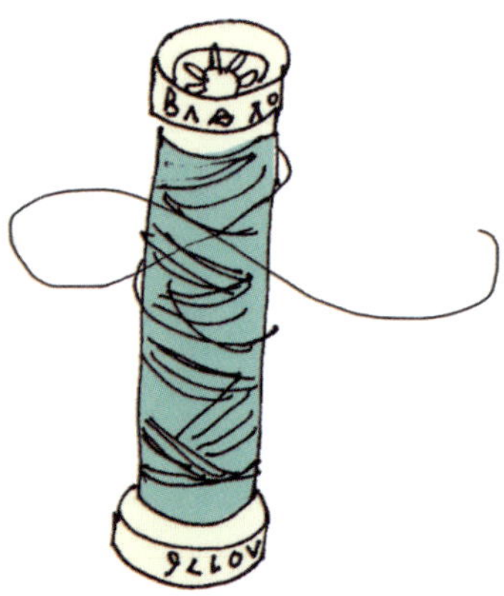

Feutre, feutrine et feutrage

Le feutre et la feutrine (feutre très fin utilisé principalement dans le cadre des loisirs créatifs) sont des étoffes obtenues par agrégation de poils ou de fils. Faciles à couper et à coudre, ils sont tout indiqués pour débuter en couture. Ils peuvent être en laine, en fibres synthétiques ou composés d'un mélange de matériaux. Certains fournisseurs de chapeliers vendent même des feutres en laine et angora. Plus le pourcentage de laine d'un feutre est élevé, plus sa couleur et sa texture sont belles… et plus il coûte cher !

Si vous ne trouvez pas de feutre ou de feutrine de la couleur voulue, teignez simplement un morceau d'une autre couleur. Pour réussir votre teinture, choisissez un matériau en pure laine ou contenant un pourcentage de laine élevé et procédez comme expliqué précédemment. N'oubliez pas que les matériaux contenant beaucoup de laine peuvent rétrécir au cours de l'opération.

Si vous le souhaitez, vous pouvez aussi fabriquer votre propre feutre, comme les Tibétains ! Il existe différences méthodes pour cela, la plus simple étant celle qui suit.

Comment fabriquer du feutre avec une machine à laver

La technique proposée ici revient à feutrer volontairement un article en laine en le lavant à la machine !

Chaque filament de laine est couvert de minuscules écailles. Quand la laine est trempée dans une eau dont la température dépasse 40 °C, ses écaillent s'ouvrent et s'accrochent les unes aux autres de manière irréversible. Les tissus rétrécissent lors de l'opération et l'emploi de savon accélère le processus.

Achetez un pull-over, une écharpe, une veste ou une étoffe en laine dans un marché aux puces ou un vide-grenier et lavez cet article à 40 °C à la machine, avec de la lessive et de l'adoucissant. Laissez sécher puis passez doucement l'ouvrage à la vapeur. Voilà ! Vous avez fabriqué du feutre !

Lors du feutrage, il est fréquent que les motifs perdent de leur netteté et que les couleurs pâlissent, mais cela fait partie du charme du feutre. Si vous passez du feutre à la vapeur, vous obtiendrez un tissu doux et moelleux. En revanche, si vous le repassez en posant le fer dessus, il deviendra lisse et dur. N'hésitez pas à multiplier les expériences pour voir quel résultat vous préférez.

Chapitre 1

les petits grigris

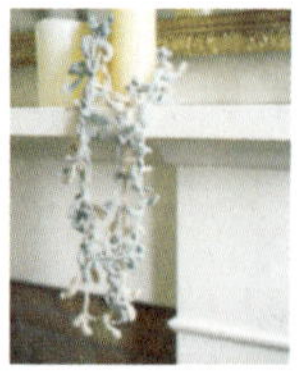

Broche roulottée en mohair

Cette broche est faite en tirant parti de la tendance naturelle du jersey à s'enrouler sur lui-même. Confectionnez-la avec des restes de fil pour l'assortir à un vêtement ou à un sac de votre fabrication.

FOURNITURES

Aiguilles à tricoter n° 5
Crochet n° 2,5
Fil A : mohair bordeaux, 10 g
Fil B : mohair vert, 10 g
Fil C : mohair saumon, 5 g
45 perles en nacre de 2 mm de diamètre
Aiguille fine à grand chas pour enfiler les perles
Épingle de sûreté

DIMENSIONS

Environ 10 cm de diamètre

Réalisation

Avec le fil A, monter 45 m. (environ 20 cm de largeur) et tric. 16 rgs en jersey, soit environ 4,5 cm de hauteur (voir le diagramme 1).
Avec le fil B, monter 45 m. (environ 20 cm de largeur) et tric. 20 rgs, soit environ 8 cm.
Enfiler les perles sur le fil C puis, avec le crochet, monter 1 ch. de base de 24 m.l. Faire 1 rg en dble br. Au rg suiv., faire 1 m.l., *3 dble br., 9 m.l. en prenant 1 perle dans chaque m.l., rép. depuis * jusqu'à la fin du rg (voir le diagramme 2).
Enrouler la bande perlée et la coudre avec le fil saumon.
Passer un fil de fronce rouge dans le rang de montage de la bande de tricot rouge et un fil de fronce vert dans le rang de montage de la bande de tricot verte et froncer les deux morceaux.
Assembler les 3 morceaux en plaçant l'envers du jersey vers l'extérieur.

FINITIONS

Coudre l'épingle au dos de la fleur.

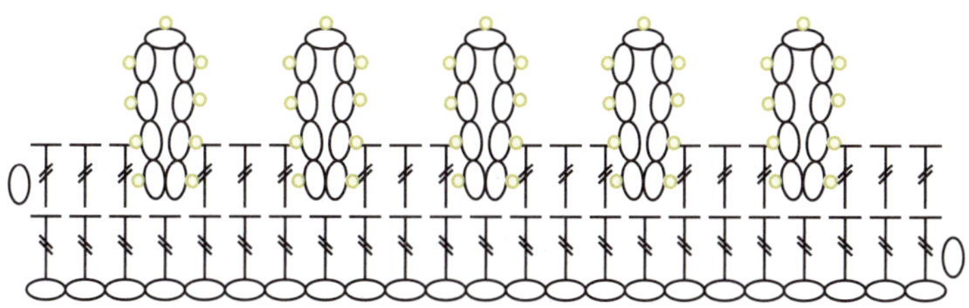

Diagramme 2

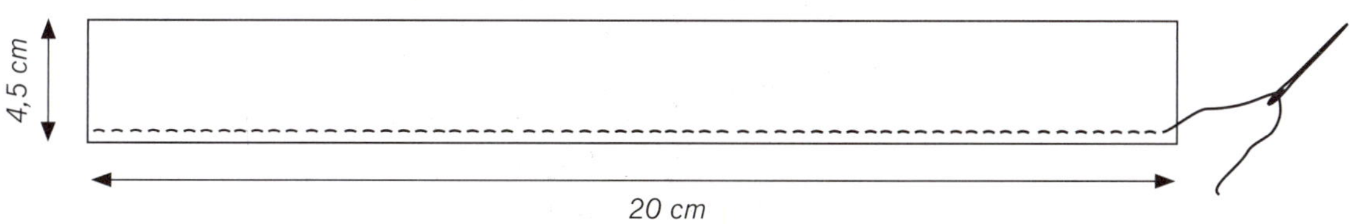

Diagramme 1

Broche en mohair

Cette fleur duveteuse ne nécessite pas beaucoup de fil. Vous pouvez la faire avec des restes, en échangeant vos fins de pelote avec des amies, ou avec un écheveau de laine Colbert acheté exprès pour la confectionner.

FOURNITURES
Crochets n° 2,5 et 3,5
Fil A : mohair jaune, environ 10 g
Fil B : mohair brun, environ 10 g
16 perles en nacre de 2 mm de diamètre
Épingle de sûreté

DIMENSIONS
9 cm de diamètre plus 1 frange d'environ 10 cm de haut

Réalisation

Avec le fil A, monter 1 ch. de base de 52 m.l.
Trav. en suiv. le diagramme, en commençant avec le fil A et en terminant avec le fil B.
Arrêter le travail.
Enfiler les perles sur le fil A et faire une bordure à picots agrémentée de perles le long du rang de montage en procédant de la manière suivante :
1er rg : trav. en m.s. tout le long du bord, fermer le tr par 1 m. c.
2e rg : 3 m.s., *3 m.l. en prenant 1 perle dans le trav., 1 m.c. dans la m. de base du picot., 3 m.s., rép. depuis * jusqu'à la fin du tr. Arrêter le travail.

Avec le fil A, passer un fil de fronce entre les bandes jaunes et brunes et tirer pour froncer le travail.
Former un cercle et coudre une épingle au dos de l'ouvrage.
Enfiler davantage de perles sur le fil, confectionner une frange bicolore et la fixer au dos de la broche.

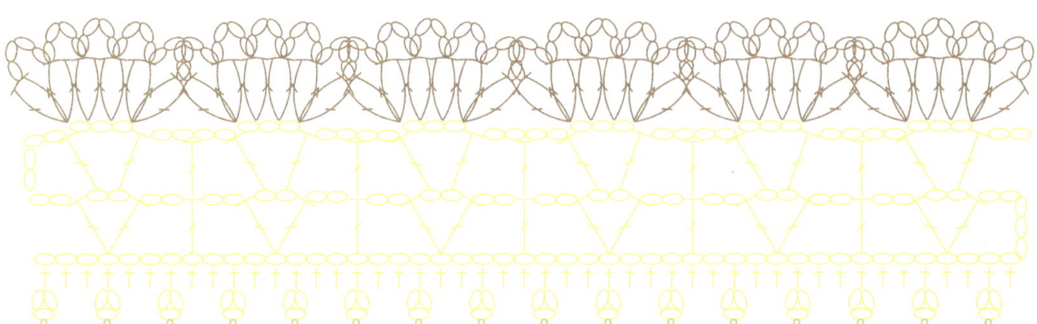

Broches circulaires

Fabriquez des petits cercles multicolores avec vos restes de fil et utilisez-les pour décorer vos tenues, vos accessoires mais aussi vos meubles ou toutes sortes d'objets.

FOURNITURES

Crochet n° 3 ou 3,5

Restes de fil d'épaisseur moyenne

Bouton ancien

Épingle de sûreté

DIMENSIONS

Variable, en fonction de l'épaisseur du fil et de la taille du crochet

Réalisation

Monter 1 ch. de base de 10 m.l. et crocheter en suivant le diagramme de la broche. Fixer un bouton au centre du cercle et coudre une épingle de sûreté derrière. Accrocher le cercle sur l'objet à agrémenter. Si vous le souhaitez, suivez le diagramme du support avec un fil vert, ou d'une autre couleur, et cousez le support derrière la broche avant de fixer l'épingle de sûreté.

Diagramme du support

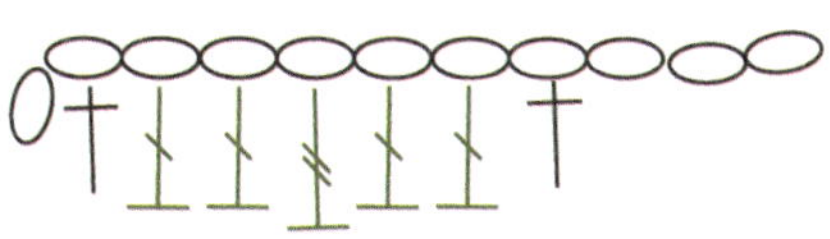

m.c.

m.l.

m.s.

br.

dble br.

Diagramme de la broche

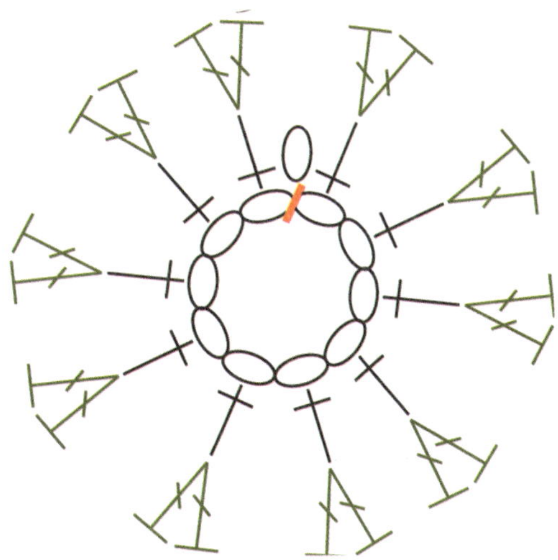

Broche fleurie

FOURNITURES
Crochet n° 3,5
Fils d'épaisseur moyenne blanc, jaune, vert, vieux rose et pêche, 5 g de chaque couleur
Restes de gros fil flammé
Épingle de sûreté

DIMENSIONS
15 cm pour la tige
8 cm de long pour le pétale

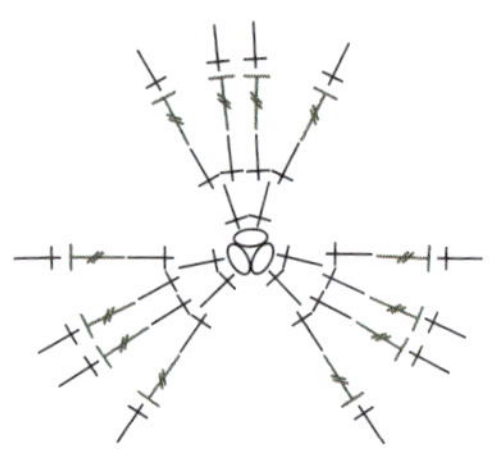

Réalisation

Faire 5 fleurs de la manière suivante :
Monter 1 ch. de base de 3 m.l. et la fermer par 1 m.c.
1er tr : 2 m.s. dans chaque m. (6 m.s.).
2e tr : 2 m.s. dans chaque m.s. (12 m.s.).
3e tr : 1 dble br. dans chaque m.
4e tr : 1 m.s. dans chaque m.
Faire 2 tiges à 1 feuille et 3 tiges à 2 feuilles.
Pour faire 1 tige, monter 1 ch. de base de 34 m.l., sauter 1 m., faire 2 m.s., 2 br., 2 dble br., 2 br., 2 m.s., crocheter en m.s. jusqu'à la fin du rg.
Assembler les feuilles aux tiges à l'aide de m.c. en suiv. les schémas.
Couper 2 morceaux de fil d'environ 20 cm de long et les utiliser pour nouer ensemble les tiges des fleurs.
Fixer une épingle de sûreté derrière le bouquet pour pouvoir l'accrocher comme une broche.

Broches en laine feutrée

Quelle merveilleuse façon d'utiliser des articles en laine feutrés au lavage. Chaque broche sera unique car vous ne pourrez jamais en faire deux exactement identiques.

FOURNITURES

Vieille écharpe ou vieux pull en pure laine
Flanelle de laine
Lainage
Chute de feutrine de 8 x 2,5 cm
Boutons
Épingle de sûreté
Aiguille à broder
Coton à broder jaune

DIMENSION

Environ 13 cm de diamètre

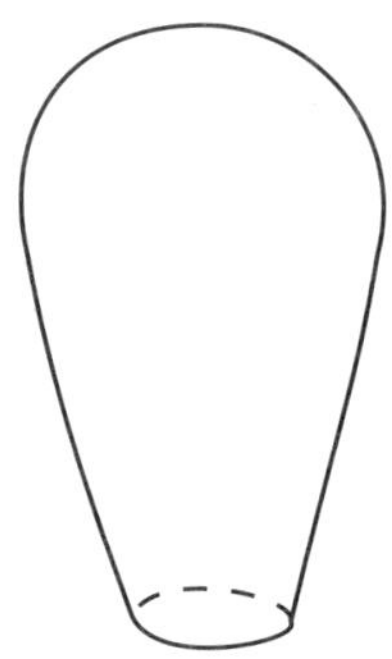

Réalisation

FLEUR 1

Laver les articles en laine à 40 °C, les laisser sécher puis les repasser à la vapeur.
Couper dans la laine feutrée 7 pétales d'une couleur, 3 d'une autre et 2 bandes d'environ 1 x 20 cm.
Relaver les morceaux à 30 °C, les laisser sécher puis les repasser avec un fer à vapeur.
Disposer en cercle les 7 pétales de même couleur, poser dessus les 3 autres pétales et coudre le tout ensemble. Disposer les fines bandes au centre de la fleur et les fixer en place avec un bouton. Coudre une épingle au dos de l'ouvrage.

13
RE

FLEUR 2

Laver les articles comme indiqué pour la fleur 1 puis couper dedans 7 pétales d'une couleur et 5 d'une autre.

Avec le même gabarit, couper dans la flanelle de laine 6 formes un peu plus grandes qu'un pétale. Coudre les morceaux deux par deux le long du bord courbe puis les retourner.

Couper la feutrine comme indiqué sur le schéma.

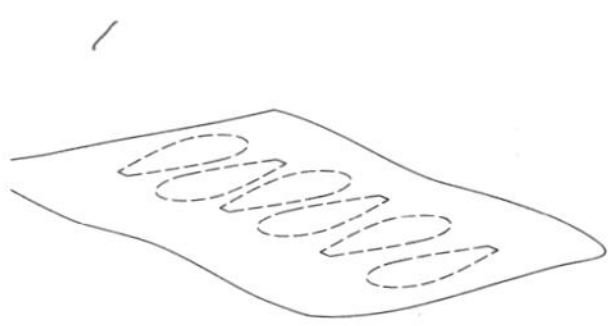

Disposer la feutrine en cercle, placer les pétales tout autour et coudre le tout ensemble. Maintenir les pétales en place en faisant des points de nœud, en partant du centre et en allant vers les bords de la fleur.

FLEUR 3

Laver les articles comme indiqué précédemment puis couper dedans 7 pétales foncés et 3 pétales à motifs. Utiliser le gabarit pour couper dans du tissu bleu des pétales légèrement plus grands que les précédents et effranger leurs bords avec une aiguille.

Disposer les pétales en cercle, en plaçant les bleus dessous et ceux à motifs sur le dessus. Coudre les pétales ensemble et fixer un bouton coloré au centre. Ajouter des points de nœud jaunes en partant du centre de la fleur, pour imiter le pollen.

Collier végétal au crochet

Ces feuilles stylisées se crochètent rapidement. Choisissez un fil qui contraste avec une tenue unie ou confectionnez un collier vert, agrémenté de baies rouges, à porter à Noël.

FOURNITURES

Crochet n° 3

Fil A : fil beige d'épaisseur moyenne, 10 g

Fil B : fil vert d'épaisseur moyenne, 10 g

Fil C : lurex argenté, 10 g

1 bouton de 22 mm de diamètre

LONGUEUR

Environ 1 m

Réalisation

En suivant les diagrammes, crocheter 11 fois la 1re séquence répétitive avec les fils beige et vert et 10 fois la suivante avec le lurex. Arrêter le travail. Assembler les extrémités des trois morceaux, en fixant un bouton à l'une des extrémités et en faisant un anneau en m.l. à l'autre extrémité. Fermer le collier et l'enfiler !

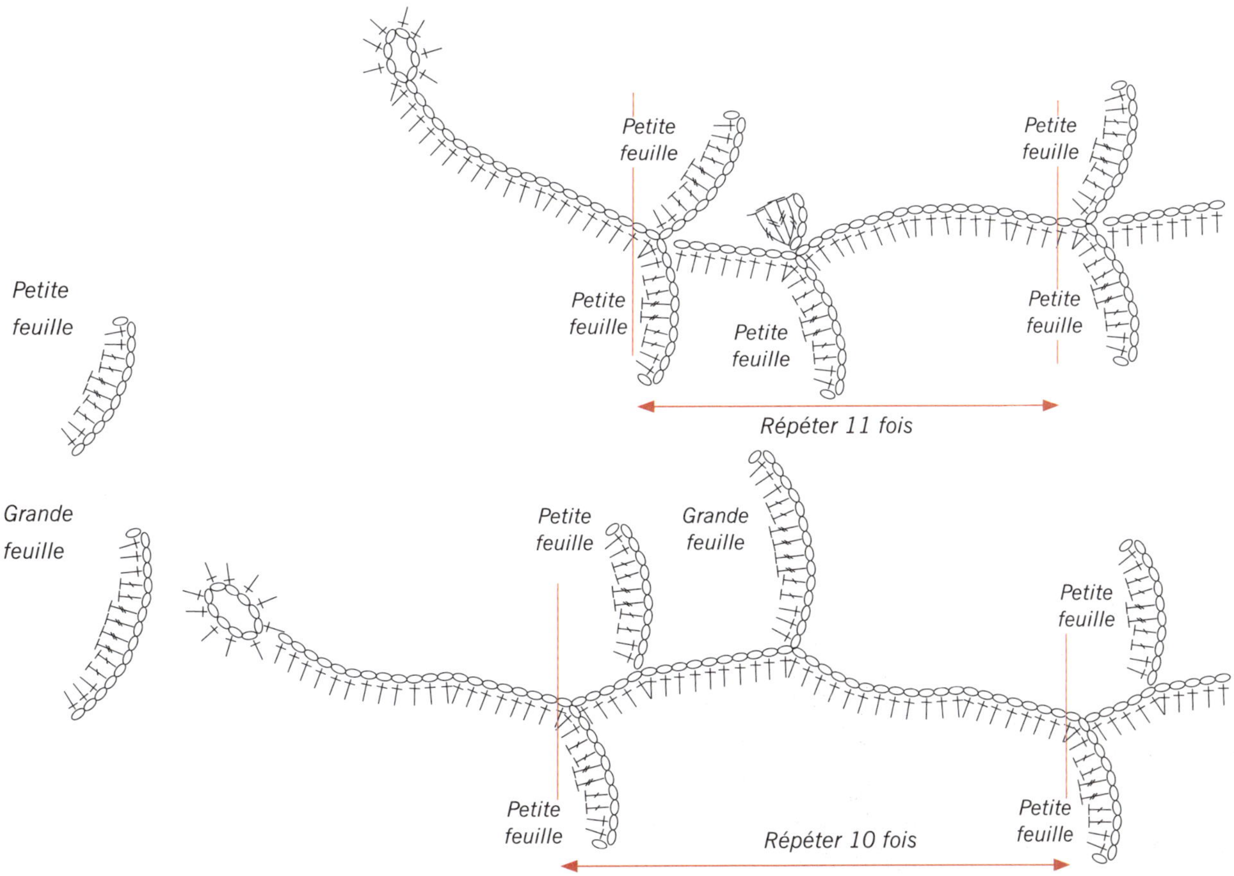

Chapitre 2

sur la tête

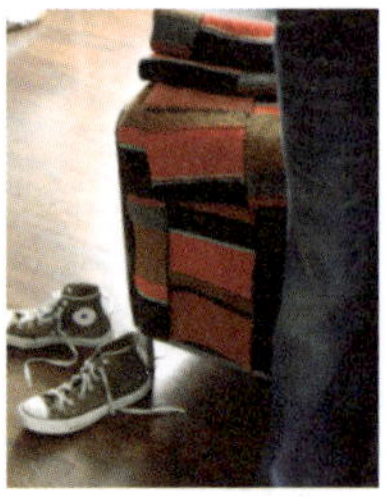

tate

Écharpe et mitaines au point de riz

Ces mitaines rayées et cette écharpe à franges assortie sont à la fois simples et rapides à tricoter. Choisissez un fil doux et naturel pour qu'elles vous tiennent bien chaud et ne vous démangent pas.

FOURNITURES

Aiguilles n° 4 et 4,5

Crochet n° 4

Fil A : fil chiné d'épaisseur moyenne bleu pâle, 125 g

Fil B : fil chiné d'épaisseur moyenne brun chocolat, 125 g

Gros fil brun pour la frange, 30 g

Aiguilles à tapisserie

ÉCHANTILLON

21 m. et 32 rgs = 10 x 10 cm

DIMENSIONS

Écharpe : 18 x 170 cm

Mitaines : 15 x 8 cm

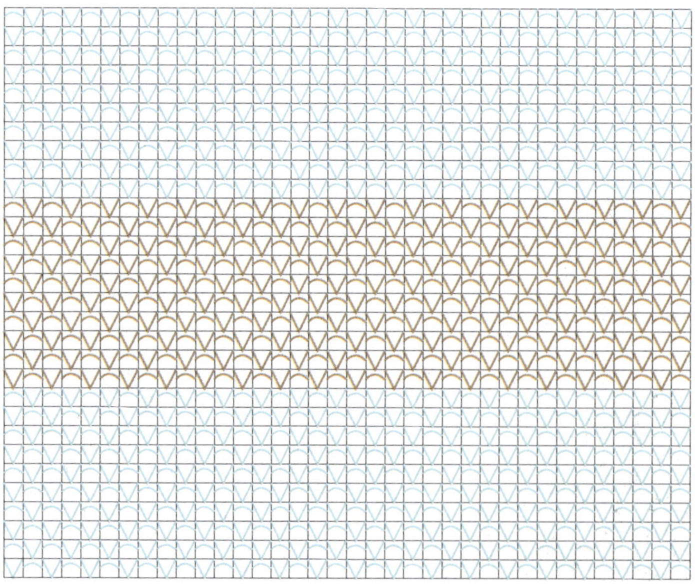

V m. end.

⌒ m. env.

Réalisation

ÉCHARPE

Avec le fil A et les aig. n° 4,5, monter 36 m.

Tric. 10 rgs au point de riz.

Avec le fil B, tric. 10 autres rgs en suiv. le diag., en faisant courir le fil A au bord du trav.

Rép. ces rayures pendant 530 rgs.

Arrêter le travail.

suite >>>

FRANGE

Avec le gros fil et le crochet, faire une frange en fixant un fil dans chacune des mailles des rangs de montage et de finition de l'écharpe. Pour chaque brin de la frange : couper un morceau de fil d'environ 40 cm, le plier en deux, ramener la boucle à travers le tricot à l'aide du crochet, faire passer les extrémités du fil dans la boucle et tirer. Répéter dans les mailles suivantes pour créer une frange épaisse.

MITAINES À RAYURES

Avec les aig. n° 4 et le fil B, monter 40 m.

Tric. 4 rgs en côtes 1/1 puis changer de fil.

Tric. 6 cm en côtes 1/1 en changeant de fil tous les 4 rgs.

Cont. avec les aig. n° 4,5 et tric. 5 cm au point de riz en changeant de fil tous les 4 rgs.

Pour l'ouverture du pouce, tric. 22 m., rab. 6 m. et tric. les 12 dernières m. du rg.

Tourner le trav., tric. 12 m., monter 6 m. et tric. les 22 dernières m. du rg.

Tric. 3 cm de plus au point de riz.

Tric. 3 cm en côtes 1/1.

Arrêter les m. comme elles se présentent.

Rép. pour tric. la 2e mitaine, en inversant la position du pouce (tric. 12 m., rab. 6 m. et tric. les 22 dernière m. du rg puis, au rg suiv. : tric. 22 m., monter 6 m. et tric. les 12 dernières m. du rg).

Fermer le côté des mitaines au point invisible, avec du fil bleu ou brun et une aiguille à tapisserie.

Écharpe ajourée orange et fauve

L'association d'un point ajouré et d'un fil duveteux convient parfaitement à cette très longue écharpe. Il existe différents types de mohair. Avant d'acheter vos pelotes, passez-en une sur votre peau pour vérifier qu'elle ne démange pas.

FOURNITURES

Crochet n° 4,5

Fil A : mohair orange d'épaisseur moyenne, 80 g

Fil B : mohair fauve d'épaisseur moyenne, 50 g

ÉCHANTILLON

13 m. x 7 rgs = 10 x 10 cm

DIMENSIONS

42 cm (largeur) x 4,15 m (longueur)

Réalisation

Avec le fil B, monter 1 ch. de base de 22 m.l.

1er rg : 1 br. *5 m.l., sauter 1 m.l., 1 br. dans la m.l. suiv., rép. depuis * jusqu'à la fin du rg.

2e au 34e rg : *5 m.l., 1 br. dans l'arc. suiv., rép. depuis * jusqu'à la fin du rg. Tourner le trav.

35e au 118e rg : rép. comme précédemment avec le fil A.

119e au 153e rg : rép. comme précédemment avec le fil B.

Arrêter le travail.

ASSEMBLAGE

Rentrer les fils et passer délicatement l'écharpe à la vapeur.

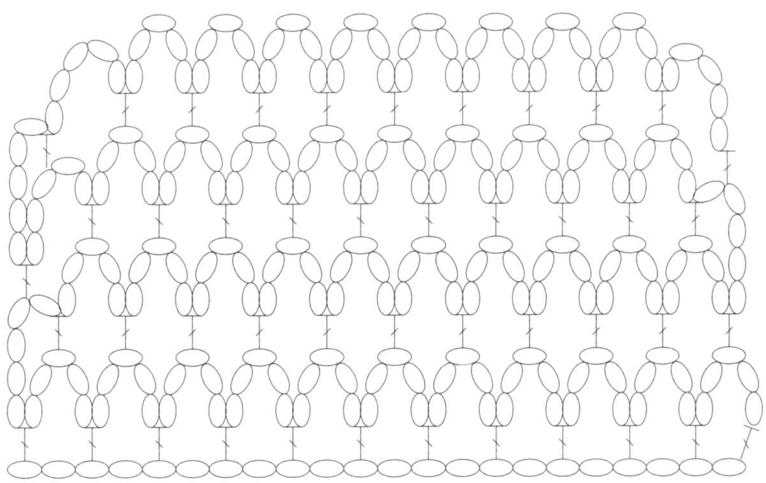

Diagramme du point de filet

Baluchon en filet

FOURNITURES

Crochet n° 4,5

Mohair orange : 75 g

95 cm de lacet en cuir de 2 mm de diamètre

Tissu pour la doublure : 120 x 25 cm

ÉCHANTILLONS

13 m. x 7 rgs = 10 x 10 cm

DIMENSIONS

26 cm de diamètre à la base sur environ 24 cm de haut

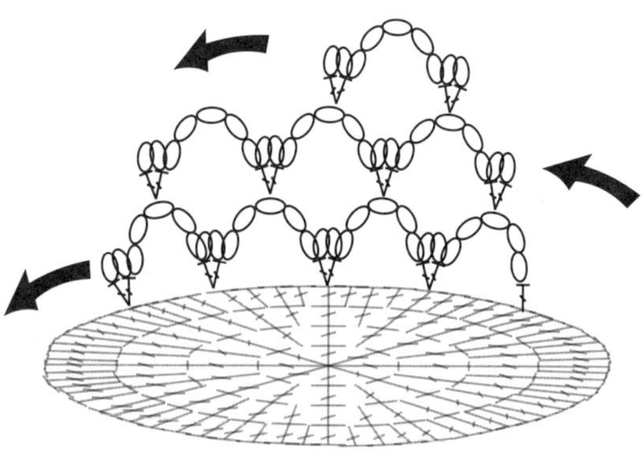

Diagramme du bord du sac

Réalisation

BASE

Monter 1 ch. de base de 6 m.l., faire 1 m.c. dans la 1re m.l. pour former un cercle.

1er tr : 2 m.l., 2 br. dans chaque m.l.

Faire 1 m.c. dans la 1re m.l. pour fermer le tr. (12 br.)

2e tr : 2 m.l., *1 br., 2 br. dans la br. suiv., rép. depuis * jusqu'à ce que vous ayez 18 br. Faire 1 m.c. dans la 2e m.l. pour fermer le tr.

3e tr : 2 m.l., *1 br., 2 br. dans la br. suiv., rép. depuis * jusqu'à ce que vous ayez 24 br. Faire 1 m.c. dans la 2e m.l. pour fermer le tr.

4e au 24e tr : au 4e tr, aug. d'1 m. toutes les 4 m., au 5e tr, aug. d'1 m. toutes les 5 m., etc. jusqu'au 24e tr., où vous devez avoir 150 br., puis commencer le bord du sac.

BORD DU SAC

1er tr : 1 br., *5 m.l., sauter 3 br. du dern. tr de la base du sac, faire 1 br. dans la m. suiv., 2 m.l., 1 br. dans la même m., rép. depuis * jusqu'à la fin du tr.

2e tr : *5 m.l., sauter 1 arc. de 2 m.l., 1 br. dans l'arc. suiv., 2 m.l., 1 br. dans le même arc., rép. depuis * jusqu'à la fin du tr.

3e au 20e tr : rép. le 2e rg.

21e tr : *6 m.l., sauter 1 arc. de 2 m.l., 1 br. dans l'arc. suiv., rép. depuis * jusqu'à la fin du tr.

22e au 27e tr : 2 m.l., faire 1 br. dans chaque br. jusqu'à la fin du tr.

suite >>>

FINITIONS

Couper les morceaux de la doublure en suivant le patron. Coudre ensemble les bords A et B puis coudre le bord au fond du sac en répartissant régulièrement le tissu autour du cercle.

Glisser la doublure dans le sac en mohair, envers contre envers, et les assembler en haut du baluchon, à la main (à points invisibles) ou à la machine.

Enfiler le lacet entre les mailles du dernier rang au point de filet pour pouvoir fermer le sac en le fronçant.

Vous pouvez faire un petit baluchon pour enfant ou un porte-monnaie sur le même modèle ou crocheter un baluchon en laine et le laver à 40 °C pour le feutrer légèrement afin de lui donner un aspect plus tendance.

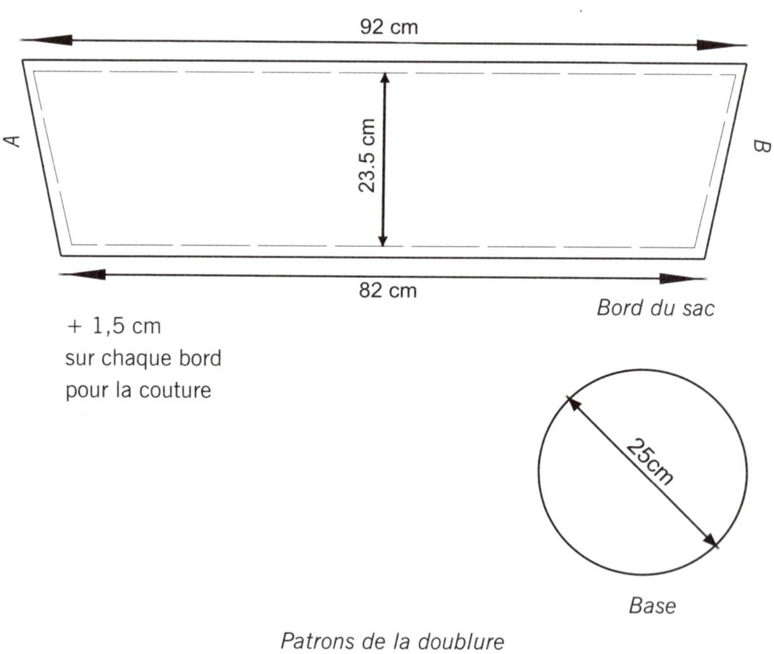

Patrons de la doublure

Écharpe chien

Cette écharpe soyeuse terminée par des pompons séduira toutes les jeunes filles.
Elle a été réalisée avec plusieurs couleurs, mais aura également belle allure en noir et sera particulièrement élégante si vous employez uniquement des tons de brun.

FOURNITURES
Aiguilles n° 10
Crochet n° 10
Fil A : fil bouclé fauve, 50 g
Fil B : fil duveteux rose, 55 g
Fil C : fil duveteux blanc, 55 g
2 perles noires ou 2 boutons noirs pour les yeux
Laine ou fil à broder orange pour le museau et la gueule
Aiguille à broder

ÉCHANTILLON
10 m. et 12 rgs = 10 x 10 cm

DIMENSIONS
14 x 110 cm

Réalisation

ÉCHARPE
Monter 12 m.
Tric. *4 rgs au point mousse avec le fil B, 4 rgs au point mousse avec le fil C., rép. 14 fois depuis * (120 rgs).
Arrêter le travail.

TÊTE DU CHIEN
Avec le fil A et le crochet, relever 12 m. le long du rg de finition de l'écharpe.
1er rg : faire 2 m.l. au début du rg puis 1 br. dans chacune des 11 m. suiv.
2e au 8e rg : en revenant en sens inverse, faire 2 m.l. pour tourner, sauter la 1re br. puis faire 1 br. dans chaque m. jusqu'à la fin du rg.

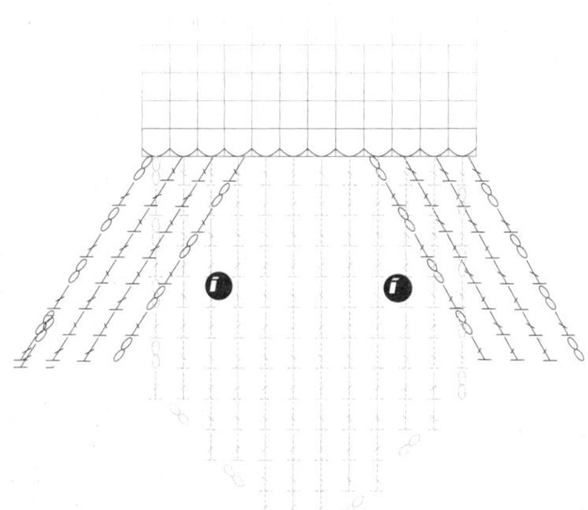

br.
m.l.

suite >>>

9e au 12e rg : dim. d'1 br. à chaque extrémité du rg en procédant comme suit : 2 m.l. pour tourner, sauter la 1re br., 1 jeté, piquer le crochet dans la m. suiv. et ramener 1 bcle,
1 jeté et ramener 1 bcle (2 bcles sur le crochet), 1 jeté, piquer le crochet dans la m. suiv. et ramener 1 bcle, 1 jeté, couler 2 bcles, 1 jeté, couler toutes les bcles situées sur le crochet. Continuer en br. jusqu'à ce qu'il reste 2 br. et les m.l. pour tourner, dim. d'1 br. et faire la dernière br. en piquant dans les m.l. pour tourner.
Arrêter le travail.

OREILLES DU CHIEN

Avec le fil A, relever 4 m. sur le 1er rg de crochet de la tête du chien.
1er au 8e rg : 2 m.l. pour tourner (comptent pour 1 br.), sauter la 1re br., 1 br. dans chaque m. jusqu'à la fin du rg. Arrêter le travail.

FINITIONS

Avec le fil A, faire un pompon (voir ci-contre) de 7 cm de diamètre et le coudre à la place de la queue du chien.
Coudre les perles ou les boutons à la place des yeux et broder le museau et la gueule avec le fil orange. Passer délicatement l'ouvrage à la vapeur.

FABRICATION D'UN POMPON

Découpez dans du carton deux cercles de même diamètre et évidez leur centre pour former deux couronnes. Superposez les deux couronnes en carton et enroulez de la laine autour jusqu'à ce qu'elles soient entièrement recouvertes. N'hésitez pas à superposer plusieurs épaisseurs de laine. Ensuite, coupez la laine le long de la circonférence extérieure, en faisant passer les ciseaux entre les deux épaisseurs de carton et en maintenant le centre d'une main. Passez un morceau de laine entre les deux couronnes en carton, serrez et nouez solidement. Enlevez les cartons et ébouriffez la laine pour mettre le pompon en forme.

Écharpe en patchwork pour homme

Ce modèle est particulièrement économique car il peut se tricoter avec des restes de fil. Il a été réalisé avec un fil d'épaisseur moyenne utilisé en double, mais si vous employez un fil très fin, vous pouvez travailler avec ce dernier en trois ou quatre épaisseurs. N'oubliez pas de faire un échantillon pour vérifier l'effet obtenu avant de tricoter l'écharpe.

FOURNITURES

Aiguilles n° 6,5
Fil A : menthe, 20 g
Fil B : brun, 50 g
Fil C : rouge tomate, 50 g
Fil D : kaki, 70 g
Fil E : gris, 30 g
Fil F : rouge brique, 80 g
Fil G : bleu, 60 g
Crochet ou aiguille à tapisserie

ÉCHANTILLON

19 m. x 26 rgs = 10 x 10 cm

DIMENSIONS

27 x 220 cm

Réalisation

L'écharpe est composée de quatre bandes de deux largeurs différentes tricotées en jersey et au point mousse puis cousues ensemble. Les couleurs sont alternées en suivant le diagramme. Il n'est pas indispensable que tous les fils aient la même épaisseur. D'éventuelles différences accentueront l'effet patchwork du travail.

suite >>>

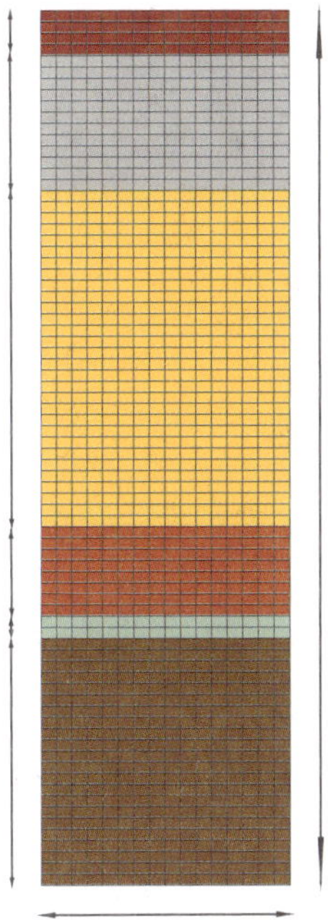

BANDE ÉTROITE

Avec le fil B, monter 16 m. et tric. 9 cm en jersey end.
Avec le fil A, tric. 1 cm au point mousse.
Avec le fil F, tric. 3 cm en jersey env.
Avec le fil D, tric. 12 cm en jersey end.
Avec le fil E, tric. 4 cm en jersey env.
Avec le fil F, tric. 2 cm en jersey env.
Répéter 4 fois le motif pour une bande, trois fois pour l'autre, puis arrêter.

BANDE LARGE

Avec le fil F, monter 32 m. et tric. 12 cm en jersey env.
Avec le fil B, tric. 1 cm au point mousse.
Avec le fil D, tric. 3 cm en jersey end.
Avec le fil C, tric. 9 cm en jersey env.
Avec le fil A, tric. 3 cm en jersey env.
Avec le fil G, tric. 4 cm en jersey end.
Répéter 4 fois le motif pour une bande, trois fois pour l'autre, puis arrêter.

Placer les bandes côte à côte comme sur le diagramme et les assembler avec le fil 2, en faisant un rang de crochet ou en les cousant au point de surjet, avec une aiguille à tapisserie. Rentrer tous les fils et passer délicatement l'écharpe à la vapeur.

Bonnet et écharpe d'automne

Cet élégant bonnet est parfait pour celles qui ont une épaisse chevelure. Tricotez cet ensemble en cachemire pour profiter pleinement de son confort douillet.

FOURNITURES

Aiguilles n° 3,5, 4 et 4,5
Crochet n° 3
Fil d'épaisseur moyenne contenant du cachemire
Écharpe : 175 g
Bonnet : 125 g (fil utilisé en double)
Restes de fil d'épaisseur moyenne violet, bordeaux et kaki pour les baies et vert bouteille pour les feuilles

ÉCHANTILLON

Bonnet : 21 m. et 30 rgs = 10 x 10 cm
Écharpe : 25 m. et 36 rgs = 10 x 10 cm

DIMENSIONS

55 cm de circonférence x 33 cm

Réalisation

BONNET

Prendre le fil en double et monter 104 m. avec les aig. n° 4.
Tric. 18 rgs en côtes 1/1, en répartissant 4 aug. sur le dernier rg.
Cont. avec les aig. n° 4,5 et tric. 50 rgs en jersey end.

Diminutions

1er rg : *10 m. end., tric. 2 m. ens. à l'end., rép. depuis * jusqu'à la fin du rg.
2e rg : tric. toutes les m. à l'env.
3e rg : *9 m. end., tric. 2 m. ens. à l'end., rép. depuis * jusqu'à la fin du rg.
4e rg : tric. toutes les m. à l'env.
Cont. à dim. tous les 2 rgs jusqu'à ce qu'il reste 9 m.
Casser le fil, le glisser dans les m. restantes et coudre le bord du bonnet avec.

ÉCHARPE

Avec les aig. n° 3,5, monter 1 m.
Le début de l'écharpe se tricote au point mousse (en tric. tous les rgs en m. end.).
Aug. d'1 m. de part et d'autre de la m. de base (3 m.).
Au rg suiv., aug. d'1 m. de part et d'autre de la m. centrale.
Aug. d'1 m. à chaque extrémité du rg suiv. puis tous les 2 rgs jusqu'à ce que vous ayez 32 m.

suite >>>

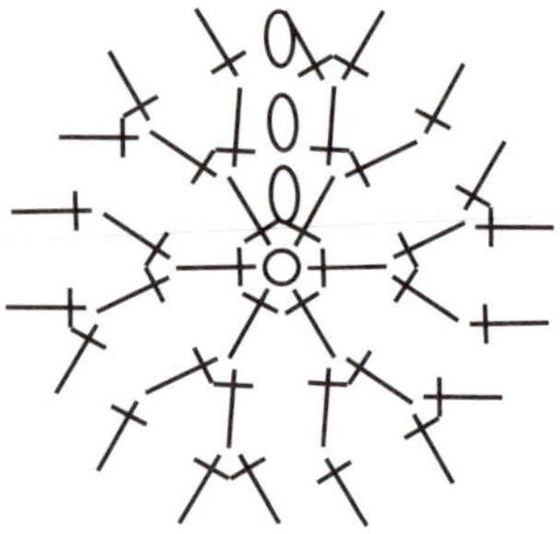

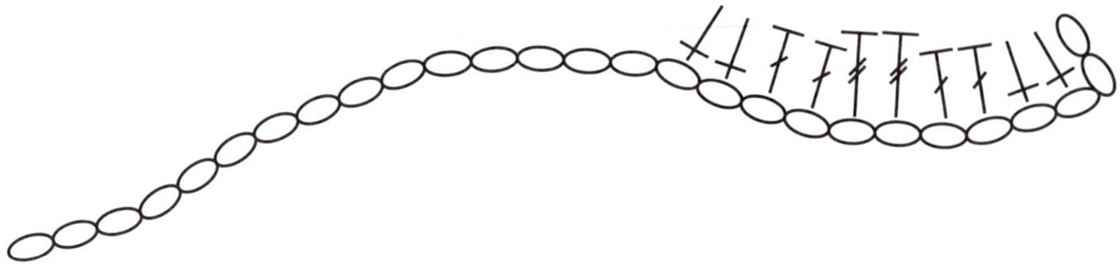

Formation de la bande centrale

Rg suiv. : 15 m. end., aug. d'1 m. à la base de chacune des 2 m. suiv., 15 m. end.

Rg suiv. : 16 m. end., 2 m. env., 16 m. end.

Cont. à aug. d'1 m. de chaque côté du panneau central en jersey, en faisant 16 m. au point mousse de chaque côté, jusqu'à ce que le panneau du milieu compte 35 m.

Cont. tout droit pendant 654 rgs, ou jusqu'à ce que l'écharpe mesure 170 cm de hauteur totale.

Diminutions

Rg suiv. : 16 m. end., 2 m. ens. torses à l'end. (tric. en piquant sous les brins arrière des m.), 31 m. end., 2 m. ens. à l'end., 16 m. end.

Cont. à dim. tous les 2 rgs jusqu'à ce qu'il reste 32 m. puis terminer au point mousse, en inversant les aug. de la manière suiv. :

Rg suiv. : 1 m. end., 2 m. ens. à l'end., tric. toutes les m. à l'end. jusqu'à 3 m. de la fin du rg, 2 m. ens. à l'end., 1 m. end. Cont. à dim. tous les 2 rgs jusqu'à ce qu'il reste 1 m. Arrêter le travail. Rentrer les fils et passer délicatement l'ouvrage à la vapeur pour le mettre en forme.

Faire 7 baies pour l'écharpe et 4 pour le bonnet, en suivant les instructions des diagrammes. Faire 2 feuilles vert bouteille.

Pour assembler les baies, monter 1 ch. de base de 15 m.l., faire 1 m.c. dans 1 baie, revenir en m.s. le long de la tige jusqu'à l'emplacement des feuilles. Coudre les tiges aux feuilles et fixer le tout sur l'écharpe ou le bonnet par quelques points ou coudre une épingle de sûreté derrière les feuilles pour confectionner une broche.

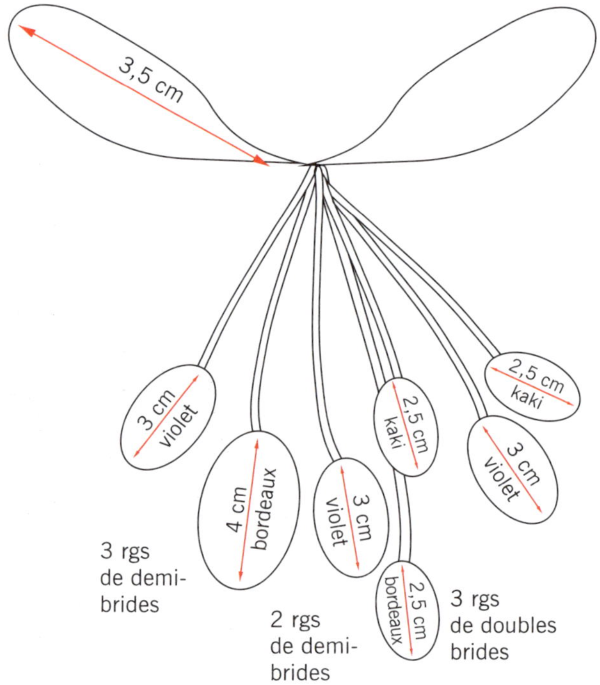

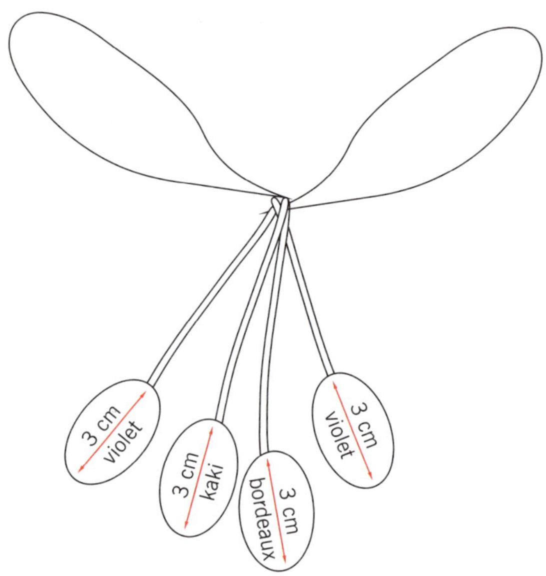

Bonnets en jersey pour toute la famille

Ces bonnets sont très faciles à tricoter et se montent rapidement. Faites-les de la taille que vous voulez, unis ou à rayures, et agrémentez-les de pompons, de cerises ou de cercles colorés, en fonction de leurs destinataires. Choisissez un fil doux et moelleux pour avoir bien chaud en hiver.

FOURNITURES

Bonnet d'enfant à rayures :

Aiguilles n° 4 et 4,5

Bonnet : laine d'épaisseur moyenne chocolat, 20 g, et rose, 20 g

Pompons : laine d'épaisseur moyenne chocolat, rose et brune, 10 g par pompon

Bonnet bleu d'enfant :

Crochet n° 3

Laine bleue d'épaisseur moyenne, 40 g

Restes de laine d'épaisseur moyenne pour les cercles au crochet

Bonnet de bébé :

Crochet n° 3

Laine rouge d'épaisseur moyenne, 25 g

Laine verte d'épaisseur moyenne, 5 g

Fil fantaisie rouge, 5 g

ÉCHANTILLON

21 m. et 30 rgs = 10 x 10 cm

DIMENSIONS

Bonnets d'enfant : 40 cm de circonférence x 20 cm de hauteur

Bonnet de bébé : 32 cm de circonférence x 14,5 cm de hauteur

Bonnet à rayures

Avec les aig. n° 4 et la laine rose, monter 104 m. Tric. 12 rgs en côtes 1/1, en changeant de couleur tous les 2 rgs et en répartissant 2 aug. sur le dernier rg.

Cont. avec les aig. n° 4,5 et tric. 26 rgs en jersey.

Diminutions du haut

1er rg : *10 m. end., tric. 2 m. ens. à l'end., rép. depuis * jusqu'à la fin du rg.

2e rg : tric. toutes les m. à l'env.

3e rg : *9 m. end., tric. 2 m. ens. à l'end., rép. depuis * jusqu'à la fin du rg.

4e rg : tric. toutes les m. à l'env.

Cont. à dim. tous les 2 rgs jusqu'à ce qu'il reste 9 m.

Casser le fil, le glisser dans les m. restantes et coudre le bord du bonnet avec.

FINITIONS

Fabriquer 2 pompons chocolat de 4 cm de diamètre, 2 pompons bruns de 4 cm de diamètre et 3 pompons roses de 2 cm de diamètre.

Coudre les pompons ensemble. Couper plusieurs morceaux de fil d'environ 20 cm de long, les plier en deux, les fixer derrière les pompons et coudre le tout près du bord du bonnet.

NO.3〜NO.5

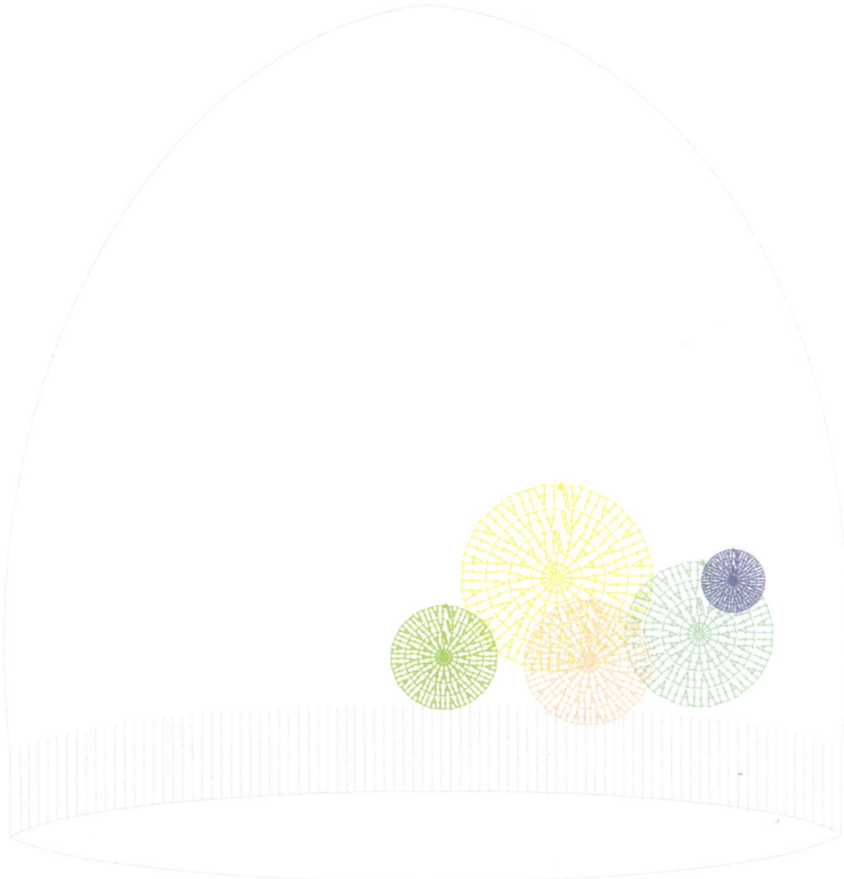

Bonnet bleu orné de cercles colorés

Monter 82 m. avec les aig. n° 4.
Faire 12 rgs en côtes 1/1, en répartissant 2 aug. sur le dernier rg.
Cont. avec les aig. n° 4,5 et tric. 26 rgs en jersey.
Diminuer et terminer comme pour le bonnet précédent.

Crocheter 5 cercles de couleurs et de tailles variées et les coudre sur le devant du bonnet.

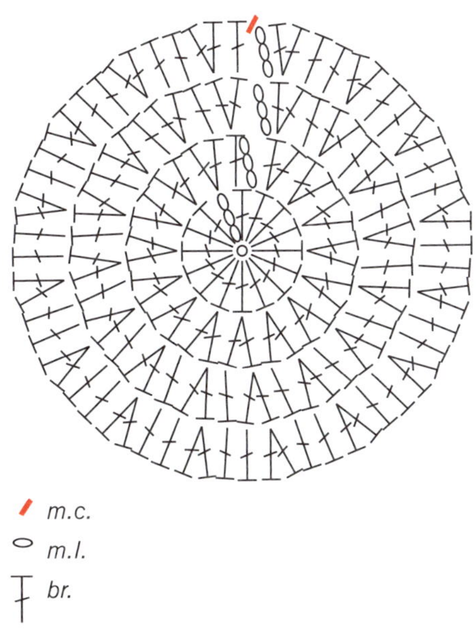

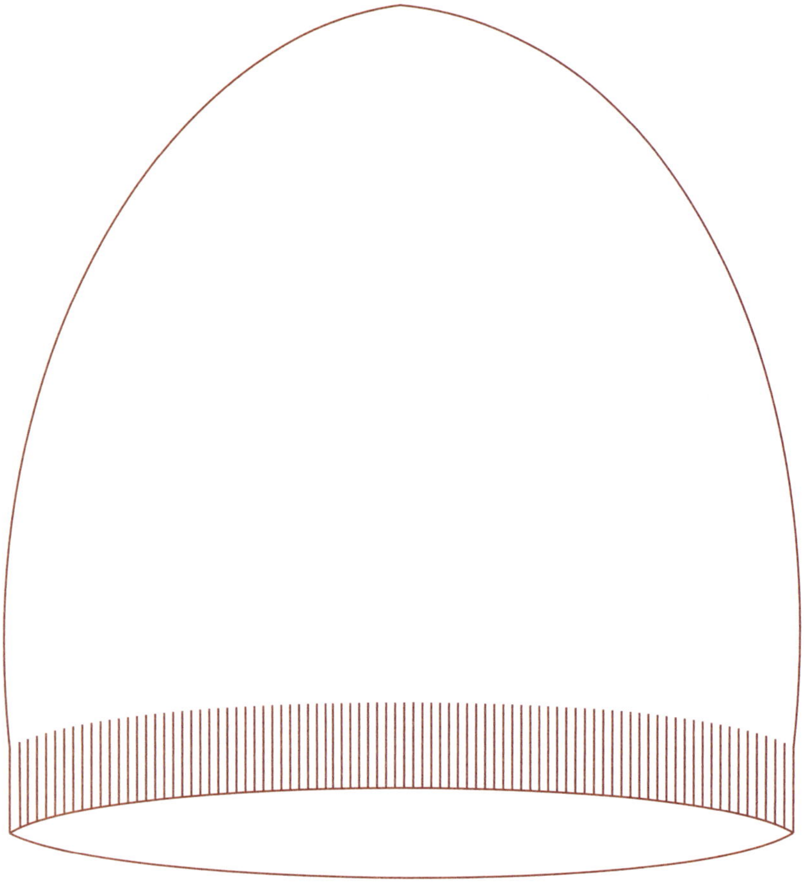

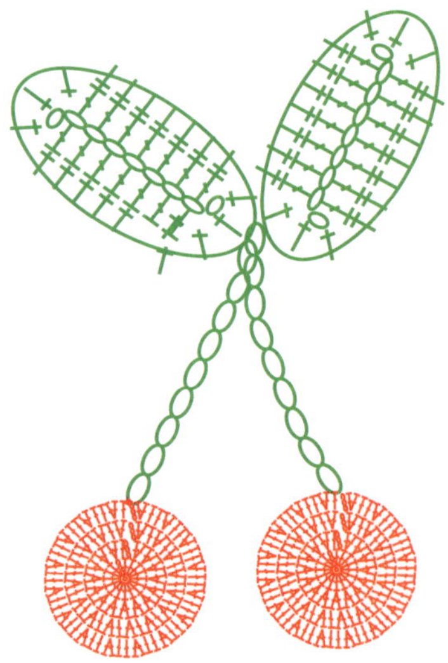

Bonnet de bébé

Avec les aig. n° 4, monter 66 m.
Tric. 4 cm de côtes 1/1, en répartissant 6 aug. sur le dernier rg.
Prendre les aig. n° 4,5 et tric. 14 rgs en jersey.
Diminuer et terminer le bonnet comme pour les bonnets précédents.
Pour faire les cerises, crocheter 2 boules de 2 cm de diamètre.
Pour les feuilles, monter 1 ch. de base de 9 m.l. et faire 7 br. de chaque côté puis faire un tr en m.s. tout autour de la feuille. Pour la tige, faire 1 ch. de base de 8 cm de long, fixer 1 cerise à chacune de ses extrémités puis coudre les feuilles et le milieu de la tige sur l'avant du bonnet.

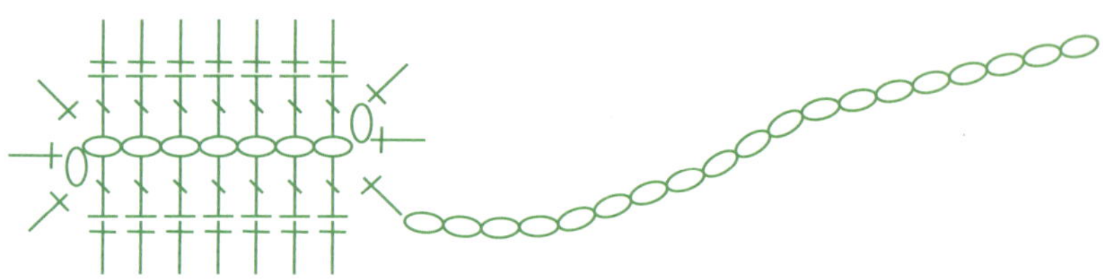

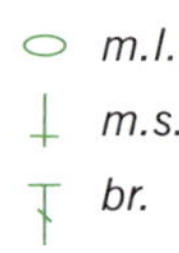

Écharpe au point mousse pour homme

Cette écharpe se tricote en utilisant deux fils d'épaisseurs différentes. Si vous ne trouvez pas de fil chiné qui vous convienne, regroupez plusieurs fils fins pour reconstituer un fil de la couleur et de l'épaisseur désirées, puis prenez-le en double.

FOURNITURES

Aiguilles n° 4

Fil chiné brun d'épaisseur moyenne, 90 g

Fil tweed, 40 g

ÉCHANTILLON

15 m. et 23 rgs = 10 x 10 cm

DIMENSIONS

165 x 18 cm

Réalisation

Ce modèle se tricote au point mousse (en tricotant tous les rgs en m. end.).

Prendre le fil tweed en double et monter 26 m.

Tric. 5 rgs au point mousse.

Changer de fil et tric. 5 rgs au point mousse avec le fil chiné brun.

Tric. 2 rgs avec le fil tweed. Rép. en alternant les fils et en faisant courir le fil en attente le long du bord du trav.

Tric. 165 cm de hauteur env., en terminant par 5 rgs en fil tweed.

Rab. toutes les m. et rentrer les fils.

Chapitre 3

sur les épaules

Poncho et bandeau au point de damier

Le poncho proposé ici convient aussi bien à une petite fille qu'à une adulte. Le modèle pour enfant est agrémenté d'une jolie bordure à picots réalisée au crochet alors que la version adulte a une finition plus sobre, mais vous pouvez parfaitement les finir de la même façon.

FOURNITURES

Aiguilles n° 6,5

Crochet n° 3

PONCHO ET BANDEAU ROUGES POUR ENFANT

Fil A : laine lambswool rouge (tricotée en double), 55 g

Fil B : angora rouge, 55 g

PONCHO GRIS POUR ADULTE

Fil A : laine lambswool gris foncé (tricotée en double), 125 g

Fil B : angora noir, 100 g

ÉCHANTILLON

16 m. et 30 rgs = 10 x 10 cm

DIMENSIONS

Poncho adulte : 100 cm (largeur) x 86 cm (hauteur)

Poncho d'enfant : 53 cm (largeur) x 49 cm (hauteur)

Bandeau : 85 cm de long

suite >>>

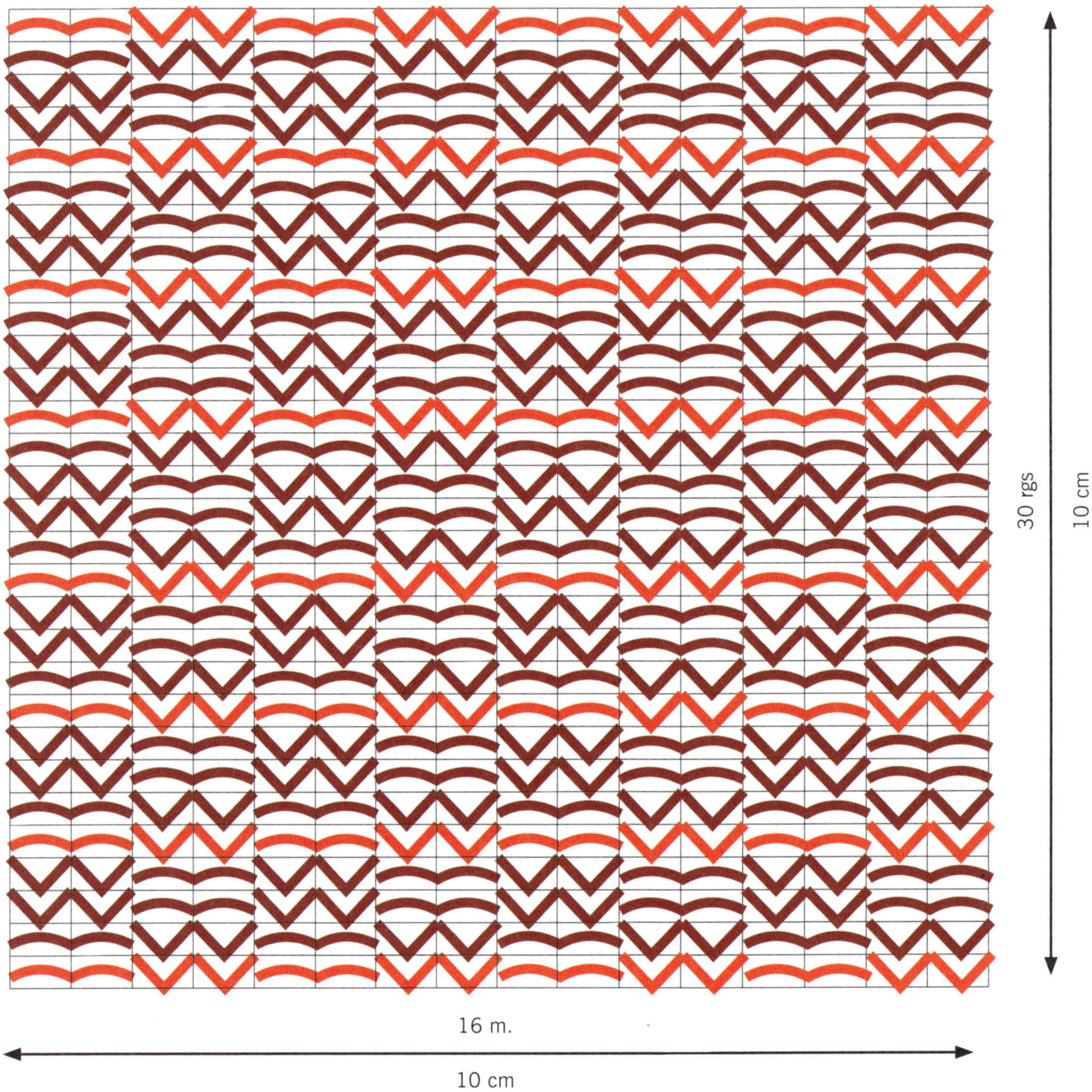

v *m. end.*

– *m. env.*

fil 1

fil 2

Réalisation

PONCHO

L'explication qui suit est donnée en deux tailles. Le 1er chiffre correspond à la taille enfant et le 2e, indiqué entre parenthèses, à la taille adulte.

Monter 46 (86) m. avec le fil A pris en double.

1e et 2e rgs : *2 m. end., 2 m. env., rép. depuis * jusqu'à la fin du rg.

3e rg : avec le fil B, *2 m. env., 2 m. end., rép. depuis * jusqu'à la fin du rg.

4e rg : avec le fil A, *2 m. env., 2 m. end., rép. depuis * jusqu'à la fin du rg.

Répéter ces 4 rgs en alternant 3 rgs en fil A (pris en double) et 1 rg en fil B, jusqu'à ce que vous ayez 104 (200) rgs en tout. Arrêter les m. comme elles se présentent.

Tricoter un 2e panneau identique et coudre les deux panneaux ensemble, en laissant une ouverture pour la tête.

Pour le poncho adulte, avec le crochet n° 3 et un brin du fil A, crocheter 3 rgs de m.s. autour de l'encolure et en bas du poncho.

Pour le poncho enfant, faire 2 rgs de m.s. avec le fil A et crocheter une bordure à picots en procédant comme suit :

1er tr : faire des m.s. tout autour du poncho et fermer le tour par 1 m.c.

2e tr : 3 m.s., *4 m.l., 1 m.c. dans la m. de base du picot, 3 m.s., rép. depuis * jusqu'à la fin du tr.

Faire la même chose autour de l'encolure.

Rentrer les fils et passer délicatement l'ouvrage à la vapeur.

suite >>>

BANDEAU

Monter 12 m.

Avec le fil B, tricoter au point mousse (tric. tous les rgs en m. end.) en aug. d'1 m. à chaque extrémité du rg. suiv. (14 m.).

Tric. 19 rgs de plus en m. end.

Rg suiv. : aug. d'1 m. à chaque extrémité (16 m.).

3 rgs suiv. : tric. toutes les m. à l'end.

Cont. au point de damier de la manière suiv. :

1er rg : aug. d'1 m. à chaque extrémité (18 m.).

2e au 4e rg : tric. en suivant le diagramme.

5e rg : aug. d'1 m. à chaque extrémité (20 m.).

6e au 8e rg : tric. en suivant le diagramme.

9e rg : aug. d'1 m. à chaque extrémité (22 m.).

10e au 12e rg : tric. en suivant le diagramme.

13e rg : aug. d'1 m. à chaque extrémité (24 m.).

14e au 16e rg : tric. en suivant le diagramme.

17e rg : aug. d'1 m. à chaque extrémité (26 m.).

18e rg : tric. en suivant le diagramme.

19e rg : aug. d'1 m. à chaque extrémité (28 m.).

20e rg : tric. en suivant le diagramme.

21e rg : aug. d'1 m. à chaque extrémité (30 m.).

22e rg : tric. en suivant le diagramme.

Rép. ces 24 rgs sans aug. sur les côtés.

47e rg : tric. en suivant le diagramme.

48e rg : dim. d'1 m. à chaque extrémité (28 m.).

49e rg : tric. en suivant le diagramme.

50e rg : dim. d'1 m. à chaque extrémité (26 m.).

51e rg : tric. en suivant le diagramme.

52e rg : dim. d'1 m. à chaque extrémité (24 m.).

53e au 55e rg : tric. en suivant le diagramme.

56e rg : dim. d'1 m. à chaque extrémité (22 m.).

57e au 59e rg : tric. en suivant le diagramme.

60e rg : dim. d'1 m. à chaque extrémité (20 m.).

61e au 63e rg : tric. en suivant le diagramme.

64e rg : dim. d'1 m. à chaque extrémité (18 m.).

65e au 67e rg : tric. en suivant le diagramme.

68e rg : dim. d'1 m. à chaque extrémité (16 m.).

Cont. avec le fil A et tric. 3 rgs au point mousse.

Rg suiv. : dim. d'1 m. à chaque extrémité (14 m.).

Tric. 19 rgs au point mousse.

Rg suiv. : dim. d'1 m. à chaque extrémité (12 m.).

Arrêter le travail.

[INSÉRER SCHÉMA].

BORDURE À PICOTS

Avec le crochet n° 3 et le fil A, relever 1 m. au bord de la partie en point mousse et faire 1 m.l.

1er tr : faire le tour du bandeau en m.s. et fermer le tr par 1 m.c.

2e tr : 3 m.s., *4 m.l., 1 m.c. dans la m. de base du picot, 3 m.s., rép. depuis * jusqu'à la fin du tr.

Faire la même chose de l'autre côté du bandeau.

Rentrer les fils et passer délicatement l'ouvrage à la vapeur.

KODAK 400VC

Châle ajouré au crochet

Ce point de crochet ajouré s'appelle « nœud d'amour » ou « nœud de Salomon ». Ce châle rapide à confectionner doit son tombé parfait à sa bordure. Faites-le de trois couleurs, comme ici, ou entièrement en noir, pour vous draper de mystère.

FOURNITURES

Crochet n° 4,5

Fil A : mohair rose, 50 g

Fil B : mohair brun, 30 g

Fil C : mohair bordeaux, 25 g

DIMENSIONS

120 x 100 x 100 cm

NŒUD DE SALOMON

1 – Allonger la bcle qui se trouve sur le crochet pour qu'elle mesure 2,5 cm, faire 1 jeté, ramener le fil à travers la bcle du crochet.

2 – Piquer sous le fil de gauche, derrière la boucle, faire 1 jeté, ramener le fil.

3 – Faire 1 jeté, ramener le fil à travers les 2 bcles du crochet.

4 – Commencer le point suivant.

5 – Au 1er rg, piquer dans 1 m.l sur 4 de la ch. de base. Aux rgs suiv., piquer dans les nœuds de Salomon du rg précédent.

6 – La dernière m. réunit 4 m. disposées en losange.

Réalisation

Avec le fil A, monter 1 ch. de base de 150 m.l. et crocheter 37 rgs en dim. d'1 m. de chaque côté ts les 2 rgs. Arrêter le fil.

Avec le fil B., faire environ 150 m.s. le long du premier bord du châle et 130 m. s. sur les 2 autres bords

Avec le fil C, faire une bordure à picots (voir l'explication de la bordure du poncho d'enfant de la page 81). Arrêter le travail et rentrer les fils.

suite >>>

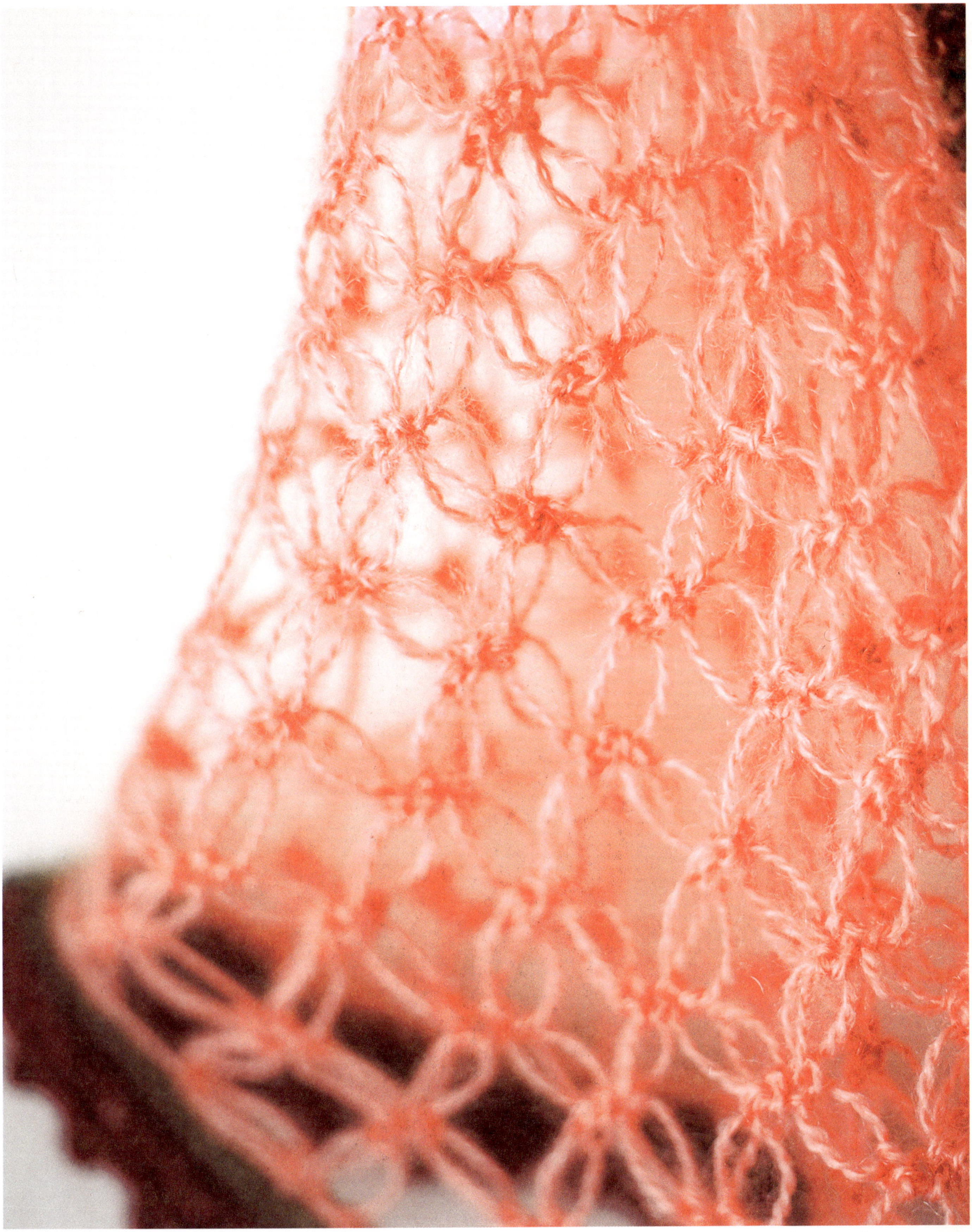

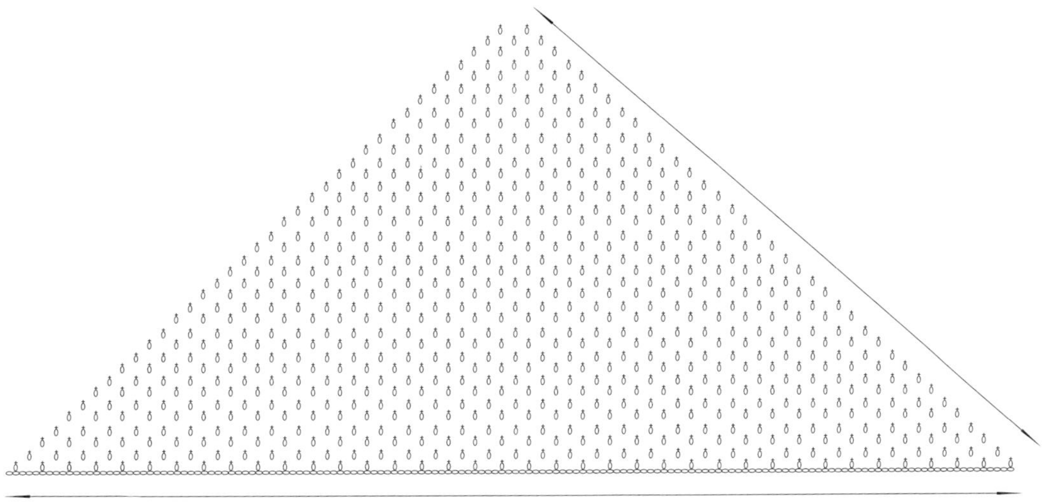

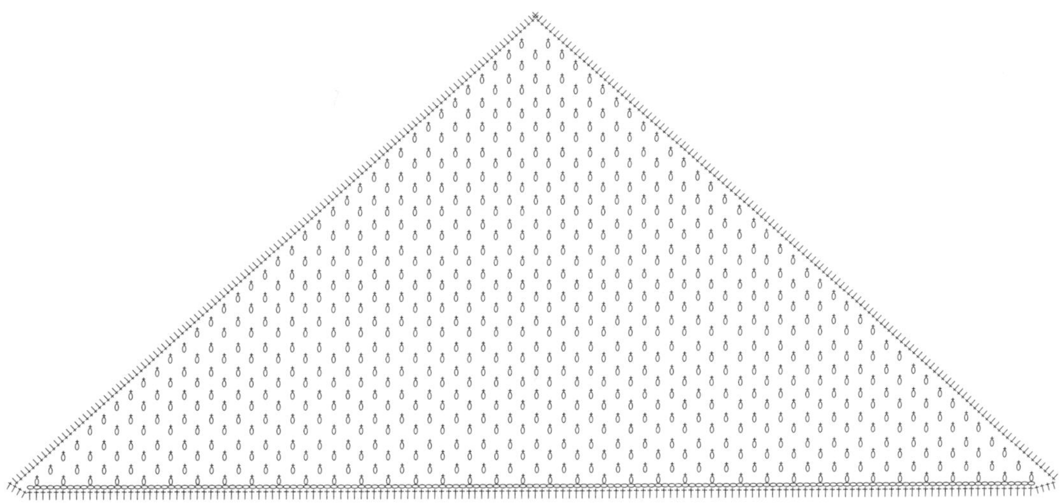

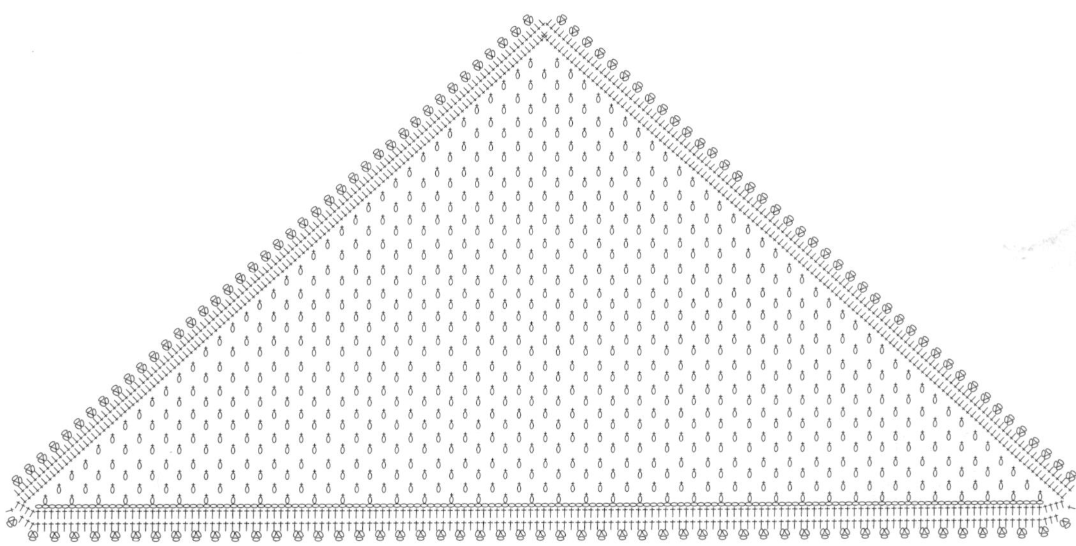

Chapitre 4

les vêtements

Débardeur à motif

Ce petit haut tricoté peut être décoré avec n'importe quel motif en appliqué. Reproduisez l'un des six motifs qui suivent dans les couleurs de votre choix, ou créez votre propre ornement pour plus d'originalité.

FOURNITURES

Aiguilles n° 4 et 5

Crochet n° 3,5

Fil A : laine jaune d'épaisseur moyenne, 100 g

Fil B : laine brune d'épaisseur moyenne, 20 g

Restes de feutrine

Fils à brode

Aiguille à broder

2 petits boutons

ÉCHANTILLON

19 m. et 30 rgs = 10 x 10 cm

DIMENSIONS

24 cm (hauteur) x 26,5 cm (largeur)

Réalisation

DOS

Avec le fil B et les aig. n° 4, monter 48 m. et tric. 2 rgs en côtes 1/1.

Avec le fil A, tric. 8 rgs de côtes 1/1.

Cont. avec les aig. n° 5 et tric. 36 rgs en jersey end.

Emmanchures

Rab. 2 m. à chaque extrémité du rg suiv. puis 4 fois 1 m. à chaque extrémité tous les 2 rgs (36 m.).

Cont. tout droit pendant 20 rgs de plus.

Encolure

Tric. 8 m. end., rab. les 20 m. centrales, tric. à l'end. les 8 dernières m. du rg.

Dim. d'1 m. à 1 m. du bord du côté de l'encolure aux 2 rgs suiv. Arrêter le travail.

Reprendre de l'autre côté de l'encolure et rép. en inversant les dim.

DEVANT

Tric. comme pour le dos jusqu'à la fin des dim. des emmanchures puis tric. 10 rgs tout droit.

Encolure

Tric. 11 m. end., rab. les 14 m. centrales, term. le rg en m. end.

Rab. 1 m. du côté de l'encolure au rg suiv. puis tous les 3 rgs jusqu'à ce qu'il reste 7 m.

Tric. 5 rgs de plus et arrêter le travail.

Reprendre de l'autre côté de l'encolure et rép. en inversant les diminutions de l'encolure.

Tric. 8 rgs de plus et arrêter le travail.

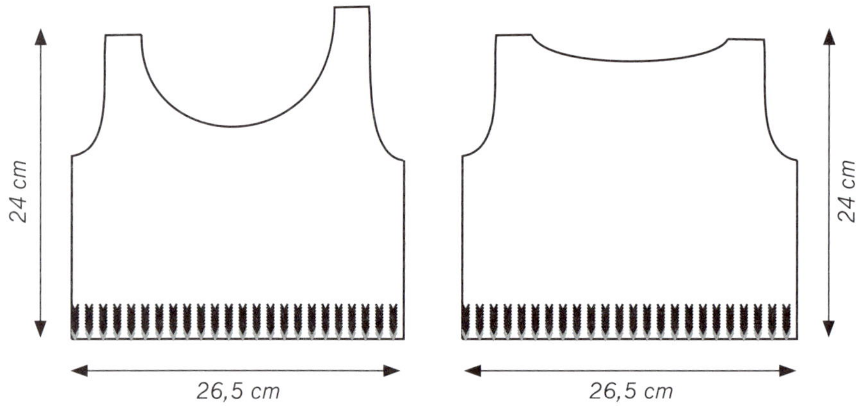

FINITIONS

Poser les morceaux l'un sur l'autre, endroit contre endroit, et coudre les côtés et l'épaule droite.

Avec le fil B et le crochet n° 3,5, faire une bordure à picots autour de l'emmanchure droite puis autour de l'emmanchure gauche et le long de l'encolure, en faisant 2 brides en haut du devant de l'épaule gauche pour pouvoir boutonner l'ouvrage.

Bordure à picots

Avec le fil A et le crochet n° 3, relever 1 m. et faire 1 m.l. au bord du vêtement.

1er rg : crocheter en m.s. tout autour de l'emmanchure ou de l'encolure et, pour l'emmanchure droite,, fermer le tr par 1 m.c dans la 1re m.l.

2e rg/tr : 3 m.s., *4 m.l., repiquer dans la m. de base du picot, 3 m.s., rép. depuis * jusqu'à la fin du rg.

Coudre 2 boutons en haut du dos de l'épaule gauche. Rentrer les fils et passer délicatement l'ouvrage à la vapeur.

Recopier le motif choisi sur du papier ou du carton. Couper le gabarit et l'utiliser pour couper la forme dans de la feutrine. Épingler le motif en feutrine sur le débardeur et coudre ses bords à petits points.

Décorer le motif à l'aide de fils contrastés en vous inspirant des exemples présentés ci-dessus.

Blouse de petite fille

Cette petite blouse est rapide à confectionner car elle est tricotée avec un fil épais et de grosses aiguilles. Utilisez des aiguilles plus ou moins fines en fonction de la taille de votre modèle et servez-vous des liens pour ajuster le vêtement fini.

FOURNITURES

Aiguilles n° 5 et 6
Crochet n° 3
Fil A : gros fil violet, 100 g
Fil B : gros fil chocolat, 100 g
Fil C : gros fil vert, 70 g
Arrête-mailles

ÉCHANTILLON

14 m. et 18 rgs = 10 x 10 cm

DIMENSIONS

47 cm (largeur) x 35 cm (hauteur)
Taille : environ 3 ans

Réalisation

DOS

Avec le fil B et les aig. n°6, monter 66 m. et tric. 4 rgs au point mousse (tric. tous les rgs en m. end.).

Prendre le fil C et tric. 1 rg en m. end. Prendre le fil A et tric. 1 rg en m. env. Prendre le fil B et tric. 1 rg en m. end. Cont. en jersey end. pendant 30 rgs, en rép. cette alternance de couleurs.

Au rg suiv., dim. d'1 m. toutes les 4 m. (50 m.). Changer d'aig. et cont. en côtes 1/1 avec les aig. n° 5 pendant 6 rgs, en cont. à alterner les couleurs.

Emmanchures

Rg suiv. : rab. 2 m. à chaque extrémité du rg.
Tric. 1 rg en côtes 1/1.
Tric. le rg suivant en côtes 1/1 en dim. d'1 m à chaque extrémité (44 m.).
Tric. 19 rgs en côtes 1/1 et arrêter le trav.

DEVANT

Tric. comme pour le dos jusqu'à la fin des dim. des emmanchures (44 m).
Tric. 1 rg en côtes 1/1.

Encolure

Tric. 22 m. en côtes 1/1, glisser les 22 m. restantes sur un arrête-mailles, tourner le trav.
Tric. 12 rgs en côtes 1/1 en continuant à faire les rayures.

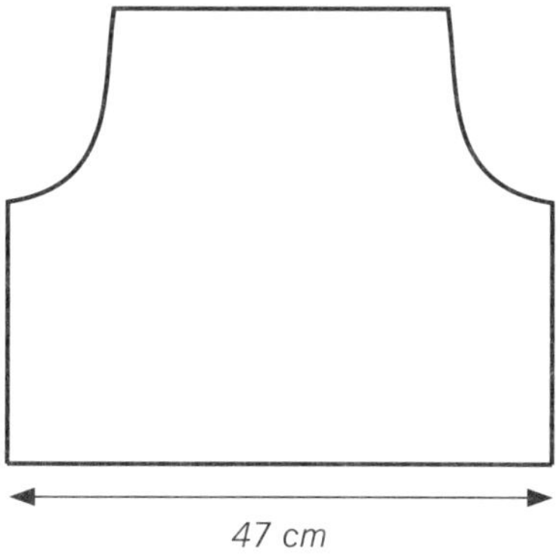

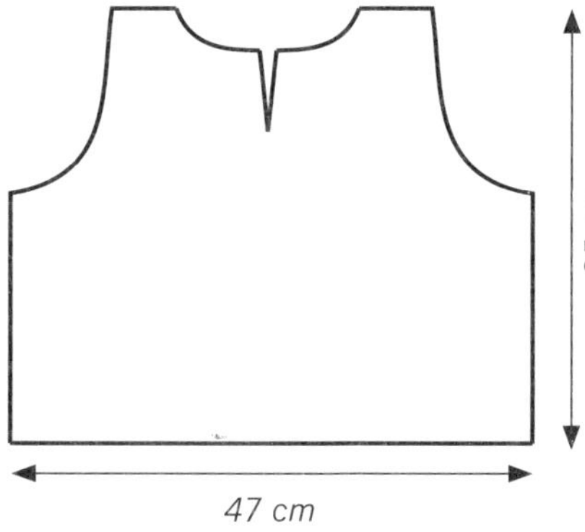

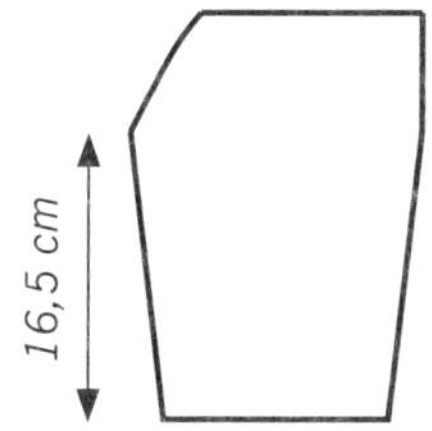

Rg suiv. : rab. 5 m. du côté de l'encolure (17 m.)
Tric. 1 rg en côtes 1/1.
Rab. 4 m. du côté de l'encolure au rg suiv. puis 2 rgs plus haut.
Rab. les 9 m. restantes.
Reprendre les m. en attente sur l'arrête-mailles et rép. comme pour l'autre côté, en inversant les diminutions.

MANCHES

Avec le fil B et les aig. n° 6, monter 32 m. et tric. 4 rgs au point mousse (tric. tous les rgs en m. end.).
Prendre les aig. n° 5 et tric. en côtes 1/1 en faisant des rayures comme précédemment.
Aug. 7 fois d'1 m. au début du rg tous les 4 rgs (39 m.).
Cont. en faisant des rayures pendant 30 rgs ou jusqu'à ce que la manche mesure 16,5 cm de haut.
Rab. 3 m. au début du rg suiv. puis au début du rg tous les 2 rgs.
Rab. les 30 m. restantes.
Faire la seconde manche en inversant les aug. et les dim. pour placer du côté du dos.

FINITIONS

Assembler les épaules et les côtés. Coudre le dessous des manches, retourner le corps, envers vers l'extérieur, et glisser les manches dans les emmanchures. Épingler les manches dans les emmanchures puis les coudre en place à points arrière, sans serrer. Crocheter une bordure en mailles serrées autour de l'encolure. Pour faire les liens, monter 1 ch. de base de 80 m.l. puis faire 1 m.s. dans chaque m.l.
Faire 2 petites chaînettes de 16 m.l. aux extrémités du lien, en formant un petit gland à chaque extrémité.
Fixer les liens sur les coutures des côtés, au début des côtes.

Veste en tweed

Cette veste courte agrémentée d'un grand col châle a été tricotée en laine chinée pour imiter le tweed, en associant un point de parquet et un point de damier.

FOURNITURES
Aiguilles n° 5,5 et 6,5
Fil chiné d'épaisseur moyenne
(tricoté en double), 725 g
1 gros bouton

ÉCHANTILLON
16 m. et 26 rgs tric. au point de damier
avec les aig. n 5,5 = 10 x 10 cm
16 m. et 20 rgs tric. au point de parquet
avec les aig. n° 6,5 = 10 x 10 cm

DIMENSIONS
52 cm de hauteur aux épaules

Réalisation

DOS
Avec les aig. n° 5,5, monter 86 m.
Tric. au point de damier comme expliqué ci-dessous :
1er rg : *2 m. end., 2 m. env., rép. depuis * jusqu'à la fin du rg.
2e rg : *2 m. env., 2 m. end., rép. depuis * jusqu'à la fin du rg.
3e rg : *2 m. env., 2 m. end., rép. depuis * jusqu'à la fin du rg.
4e rg : *2 m. end., 2 m. env., rép. depuis * jusqu'à la fin du rg.
Rép. ces 4 rgs pour former le point.
Tric. 10 rgs au point de damier en répartissant 4 aug. sur le dernier rg (90 m.).
Cont. avec les aig. n° 6,5 et tric. 68 rgs au point de parquet.

EMMANCHURES
Rab. 2 m. au début des 2 rgs suiv.
Tric. 2 m. ens. à l'end. à 1 m. du bord au début et à la fin des rgs end. jusqu'à ce qu'il reste 68 m.
Tric. 18 cm de haut à partir des emmanchures.
Aug. d'1 m. à 2 m. des bords, à chacun des 3 rgs end. suiv.
Tric. jusqu'à 22 cm de hauteur à partir du bas des emmanchures puis rab. les 20 m. centrales pour l'encolure du dos.

suite >>>

Points utilisés

Point de damier

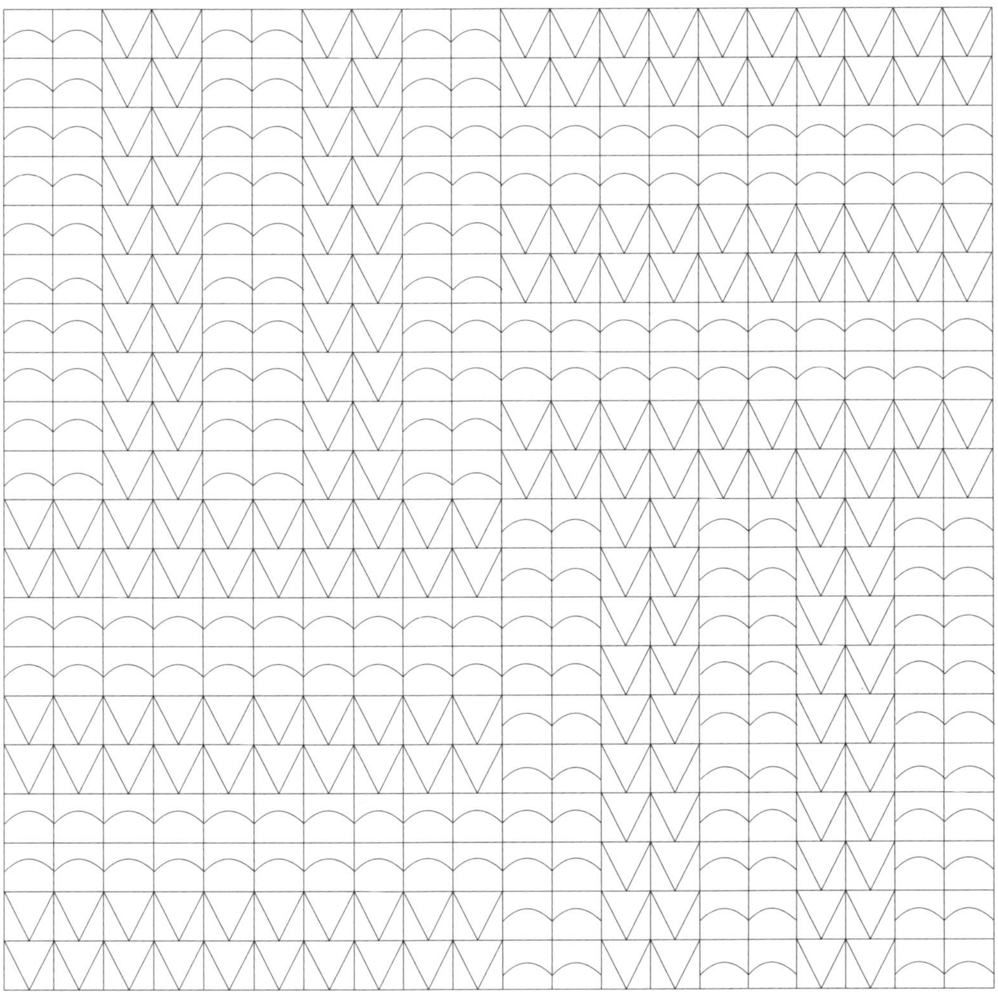

Point de parquet

m. end.

m. env.

Tric. 2 m. ens. à l'end. à 1 m. du bord de l'encolure, tous les 2 rgs, jusqu'à ce qu'il reste 24 m. Arrêter le travail.
Rép. de l'autre côté en inversant les diminutions.

DEVANT

Avec les aig. n° 5,5, monter 50 m.
Tric. 10 rgs au point de damier, comme pour le dos.
Cont. au point de parquet avec les aig. n° 6,5.
Faire une emmanchure d'un seul côté en suiv. les explications du dos et tric. jusqu'à 15 cm du bas de l'emmanchure.
Sur l'autre côté, pour former l'encolure, tric. 2 m. ens. à l'end. à 1 m. du bord, tous les 2 rgs, tout en formant l'emmanchure, jusqu'à ce qu'il reste 24 m. Arrêter le travail.
Tric. le 2e devant en inversant le trav.

MANCHES

Avec les aig. n° 5,5, monter 60 m.
Tric. 10 rg au point de damier comme précédemment.
Cont. avec les aig. n° 6,5 et tric. au point de parquet en suiv. le diagramme, en aug. à chaque extrémité tous les 6 rgs jusqu'à ce que vous ayez 86 m.
Cont. jusqu'à ce que la manche mesure 50 cm (ou la hauteur voulue du poignet à l'emmanchure).
Rab. 2 m. au début des 2 rgs suiv.
Tric. 2 m. ens. à l'end. à 1 m. du bord au début et à la fin du rg suiv. puis tous les 2 rgs jusqu'à ce que vous ayez 70 m. et tous les rgs jusqu'à ce qu'il reste 16 m.
Arrêter le trav. en tric. les m. deux par deux à l'end.
Tric. une 2e manche identique à la 1re.
Faire les coutures des épaules et des côtés et coudre les manches en place.

BANDES DE BOUTONNAGE ET COL

Avec les aig. n° 5,5, monter 20 m. et tric. au point de damier pendant environ 40 cm ou jusqu'à la base de l'encolure.
Aug. d'1 m. dans la dern. m. au rg suiv. puis tous les 2 rgs, jusqu'à ce que la bande atteigne le milieu du dos et que le col mesure environ 25 cm de large.
Répéter, puis coudre les deux bandes au milieu du col, assembler le col à la veste et faire une bride en guise de boutonnière.

Chapitre 5

petits petons

Les chaussons en laine sont parfaits pour avoir les pieds bien au chaud lorsque l'on reste à la maison. Les modèles qui suivent sont assez variés pour être sûr que chacun en trouve un qui lui plaise.
Les chaussons de cette page ont été feutrés. Tricotez-les en pure laine et lavez-les à 60 °C pour obtenir le même résultat.

Chaussons rouges au point mousse

FOURNITURES

Aiguilles n° 5,5
Laine rouge d'épaisseur moyenne, 60 g

DIMENSIONS

Avant feutrage : 20 x 10 cm (après feutrage : 12,5 x 8 cm)

ÉCHANTILLON

25 m. et 23 rgs = 10 x 10 cm

Réalisation

Monter 59 m.

1er rg et tous les rgs impairs : tric. toutes les m. à l'end.

2e rg : 29 m. end. jusqu'à la m. centrale, aug. de 2 m., tric. toutes les m. à l'end. jusqu'à la fin du rg.

4e rg : 30 m. end., aug. d'1 m., 1 m. end., aug. d'1 m., tric. toutes les m. à l'end. jusqu'à la fin du rg.

6e rg : 30 m. end., aug. d'1 m., 3 m. end., aug. d'1 m., tric. toutes les m. à l'end. jusqu'à la fin du rg.

8e rg : 30 m. end., aug. d'1 m., 5 m. end., aug. d'1 m., tric. toutes les m. à l'end. jusqu'à la fin du rg.

10e rg : 30 m. end., aug. d'1 m., 7 m. end., aug. d'1 m., tric. toutes les m. à l'end. jusqu'à la fin du rg.

12e rg : 30 m. end., aug. d'1 m., 9 m. end., aug. d'1 m., tric. toutes les m. à l'end. jusqu'à la fin du rg.

14e rg : 30 m. end., aug. d'1 m., 11 m. end., aug. d'1 m., tric. toutes les m. à l'end. jusqu'à la fin du rg.

16e rg : 30 m. end., aug. d'1 m., 13 m. end., aug. d'1 m., tric. toutes les m. à l'end. jusqu'à la fin du rg.

Tric. 27 rgs au point mousse sans aug.

Rab. 12 m. au début des 2 rgs suiv.

Tric. 12 rgs tout droit au point mousse.

Rg de dim. : 1 m. end., 1 surjet simple, tric. toutes les m. à l'end. jusqu'à 3 m. de la fin du rg, 2 m. ens. à l'end., 1 m. end.

Tric. 9 rgs tout droit au point mousse.

Rg de dim. suiv. : 1 m. end., 1 surjet simple, 10 m. end., 1 surjet simple, 11 m. end., 2 m. ens. à l'end., 10 m. end., 2 m. ens. à l'end., 1 m. end.

Tric. 7 rgs au point mousse.

Rg de dim. suiv. : 1 m. end., 1 surjet simple, 8 m. end., 1 surjet simple, 9 m. end., 2 m. ens. à l'end., 8 m. end., 2 m. ens. à l'end., 1 m. end.

Tric. 3 rgs au point mousse.

Rg de dim. suiv. : 1 m. end., 1 surjet simple, tric. toutes les m. à l'end. jusqu'à 3 m. de la fin du rg, 2 m. ens. à l'end., 1 m. end.

Tric. 1 rg en m. end.

Rg de dim. suiv. : 1 m. end., 1 surjet simple, 6 m. end., 1 surjet simple, 5 m. end., 2 m. ens. à l'end., 10 m. end., 2 m. ens. à l'end., 1 m. end.

Tric. 5 rg en m. end. et arrêter le travail.

Tric. un 2e chausson identique. Assembler les chaussons en grafting (voir page 106), en veillant à faire des coutures bien plates.

Mémo technique : le grafting

Le grafting est une technique qui permet d'assembler deux pièces de tricot par une couture qui ressemble à un rang de mailles, et a l'avantage de rendre les coutures invisibles. Il se fait sur des ouvrages terminés par une lisière ou avec des mailles laissées en attente sur un arrêt de mailles.

Placez les pièces à assembler sur une surface plane, l'une à côté de l'autre, et, avec une aiguille à tapisserie et le même fil que celui utilisé pour l'ouvrage, prenez une maille d'une pièce puis la maille correspondante du morceau en vis-à-vis. Continuez ainsi tout le long de la couture, en serrant de façon à former des mailles identiques à celles de l'ouvrage. Pour faire cette couture, pensez à prendre une longueur de fil suffisante (à peu près trois fois la longueur de la couture à réaliser).

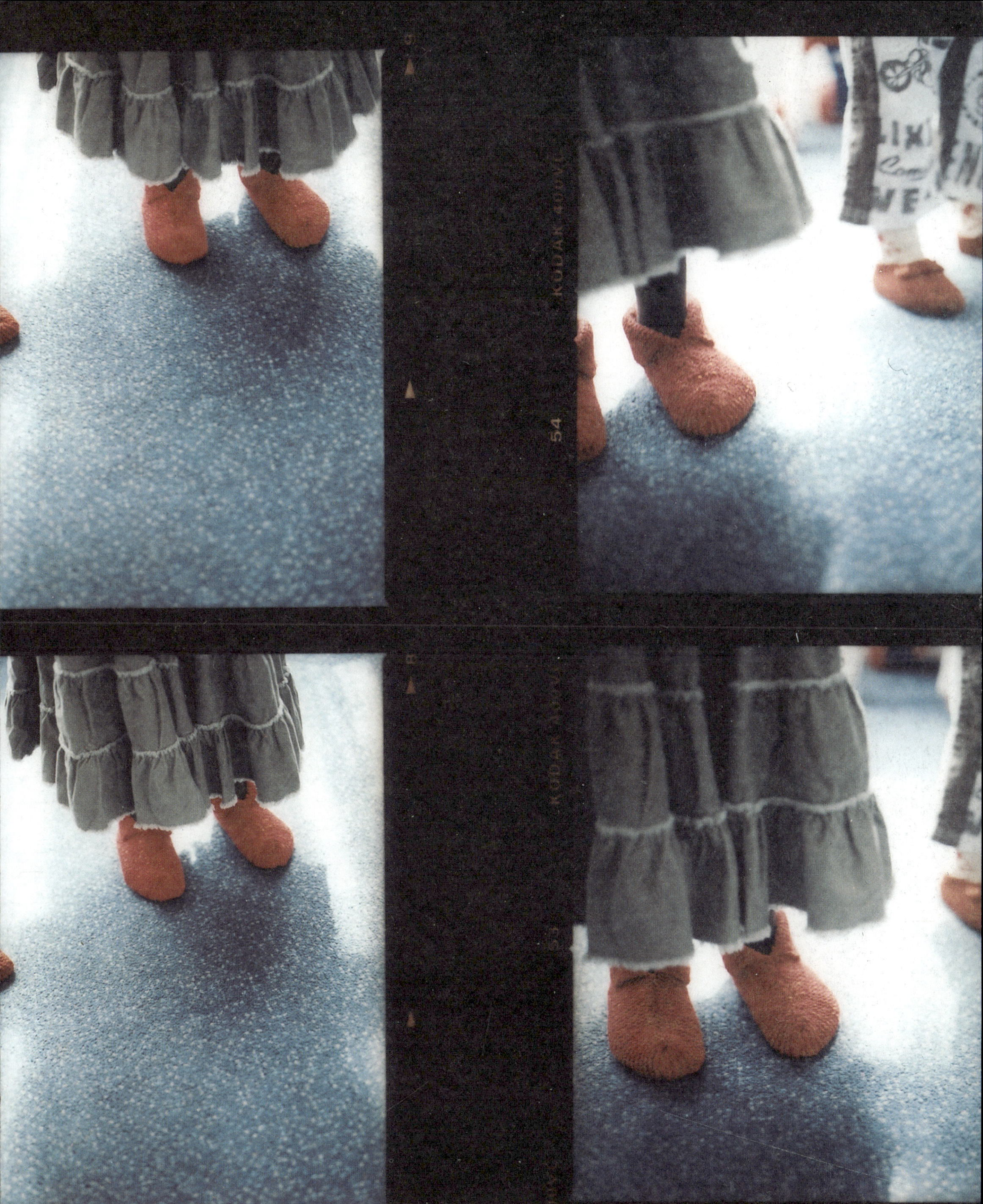

Chaussons avec bande de boutonnage

Ce charmant modèle peut également se faire sans bande de boutonnage.

FOURNITURES
Aiguilles n° 5,5
Fil d'épaisseur moyenne, 35 g
2 boutons (facultatif)

DIMENSIONS
13 x 6.5 cm

Réalisation

Monter 23 m.
1er rg et tous les rgs impairs : tric. toutes les m. à l'end.
2e rg : 11 m. end. jusqu'à la m. centrale, aug. de 2 m., tric. toutes les m. à l'end. jusqu'à la fin du rg.
4e rg : 11 m. end., aug. d'1 m., 3 m. end., aug. d'1 m., tric. toutes les m. à l'end. jusqu'à la fin du rg.
6e rg : 11 m. end., aug. d'1 m., 5 m. end., aug. d'1 m., tric. toutes les m. à l'end. jusqu'à la fin du rg.
8e rg : 11 m. end., aug. d'1 m., 7 m. end., aug. d'1 m., tric. toutes les m. à l'end. jusqu'à la fin du rg.
10e rg : 11 m. end., aug. d'1 m., 9 m. end., aug. d'1 m., tric. toutes les m. à l'end. jusqu'à la fin du rg.
12e rg : 11 m. end., aug. d'1 m., 11 m. end., aug. d'1 m., tric. toutes les m. à l'end. jusqu'à la fin du rg (35 m).
Tric. 19 rgs en m. end.
Rg de dim. : 1 m. end., 1 surjet simple, tric. toutes les m. à l'end. jusqu'à 3 m. de la fin du rg, 2 m. ens. à l'end., 1 m. end.
Tric. 15 rgs tout droit en m. end.
Rg de dim. : 1 m. end., 1 surjet simple, tric. toutes les m. à l'end. jusqu'à 3 m. de la fin du rg, 2 m. ens. à l'end., 1 m. end.
Tric. 3 rgs en m. end.
Rg de dim. suiv. : 1 m. end., 1 surjet simple, 5 m. end., 1 surjet simple, 11 m. end., 2 m. ens. à l'end., 5 m. end., 2 m. ens. à l'end., 1 m. end.
Tric. 3 rgs en m. end.
Rg de dim. suiv. : 1 m. end., 1 surjet simple, 4 m. end., 1 surjet simple, 9 m. end., 2 m. ens. à l'end., 4 m. end., 2 m. ens. à l'end., 1 m. end.
Tric. 3 rgs en m. end.
Rg de dim. suiv. : 1 m. end., 1 surjet simple, tric. toutes les m. à l'end. jusqu'à 3 m. de la fin du rg, 2 m. ens. à l'end., 1 m. end.
Tric. 1 rg en m. end. et arrêter le trav.
Tricoter un 2e chausson identique. Assembler les chaussons en grafting (voir page 106), en veillant à faire des coutures bien plates.

BANDES DE BOUTONNAGE
Monter 18 m. et tric. 6 rgs au point mousse.
Arrêter le travail.
Coudre les bandes de boutonnage sur le dessus des chaussons, en laissant une ouverture pour faire passer le bouton.

Chaussons-chaussettes

FOURNITURES

Aiguilles n° 5,5

Fil d'épaisseur moyenne, 100 g pour la taille 1 (50 g pour la taille 2)

ÉCHANTILLON

26 m. et 24 rgs = 10 x 10 cm

DIMENSIONS

Taille 1 : 17 x 19 cm (taille 2 : 13 x 13 cm)

Les instructions correspondant à la taille 1 sont indiquées hors parenthèses, suivies par celles correspondant à la taille 2 (plus petite), fournies entre parenthèses.

Réalisation

Monter 81 (67) m.

1er rg et tous les rgs impairs : tric. toutes les m. à l'end.

2e rg : 40 m. end. (34) jusqu'à la m. centrale, aug. de 2 m., tric. toutes les m. à l'end. jusqu'à la fin du rg.

TAILLE 1 UNIQUEMENT

4e rg : 40 m. end., aug. d'1 m., 1 m. end., aug. d'1 m., tric. toutes les m. à l'end. jusqu'à la fin du rg.

6e rg : 40 m. end., aug. d'1 m., 3 m. end., aug. d'1 m., tric. toutes les m. à l'end. jusqu'à la fin du rg.

8e rg : 40 m. end., aug. d'1 m., 5 m. end., aug. d'1 m., tric. toutes les m. à l'end. jusqu'à la fin du rg.

10e rg : 40 m. end., aug. d'1 m., 7 m. end., aug. d'1 m., tric. toutes les m. à l'end. jusqu'à la fin du rg.

12e rg : 40 m. end., aug. d'1 m., 9 m. end., aug. d'1 m., tric. toutes les m. à l'end. jusqu'à la fin du rg.

14e rg : 40 m. end., aug. d'1 m., 11 m. end., aug. d'1 m., tric. toutes les m. à l'end. jusqu'à la fin du rg.

16e rg : 40 m. end., aug. d'1 m., 13 m. end., aug. d'1 m., tric. toutes les m. à l'end. jusqu'à la fin du rg (97 m.).

TAILLE 2 UNIQUEMENT

4e rg : 11 m. end., aug. d'1 m., 3 m. end., aug. d'1 m., tric. toutes les m. à l'end. jusqu'à la fin du rg.

6e rg : 11 m. end., aug. d'1 m., 5 m. end., aug. d'1 m., tric. toutes les m. à l'end. jusqu'à la fin du rg.

8e rg : 11 m. end., aug. d'1 m., 7 m. end., aug. d'1 m., tric. toutes les m. à l'end. jusqu'à la fin du rg.

10e rg : 11 m. end., aug. d'1 m., 9 m. end., aug. d'1 m., tric. toutes les m. à l'end. jusqu'à la fin du rg.

12e rg : 11 m. end., aug. d'1 m., 11 m. end., aug. d'1 m., tric. toutes les m. à l'end. jusqu'à la fin du rg.

TAILLES 1 ET 2

Tric. 23 (19) rgs tout droit en m. end.

Rg de dim. : 28 (22) m. end., 1 surjet simple,

36 (29) m. end., 2 m. ens. à l'end., tric. toutes les m. à l'end. jusqu'à la fin du rg.
Tric. 3 rgs en m. end.
Rab. 27 (21) m. au début et à la fin du rg suiv.
Tric. 11 (11) rgs en m. end.
Rg de dim. : 1 m. end., 1 surjet simple, tric. toutes les m. à l'end. jusqu'à 3 m. de la fin du rg, 2 m. ens. à l'end., 1 m. end.
Tric. 9 (3) rgs tout droit en m. end.
Rg de dim. suiv. : 1 m. end., 1 surjet simple, 10 (5) m. end., 1 surjet simple, 11 (10) m. end., 2 m. ens. à l'end., 10 (5) m. end., 2 m. ens. à l'end., 1 m. end.
Tric. 7 (3) rgs en m. end.
Rg de dim. suiv. : 1 m. end., 1 surjet simple, 8 (4) m. end., 1 surjet simple, 9 m. end., 2 m. ens. à l'end., 8 (4) m. end., 2 m. ens. à l'end., 1 m. end.
Tric. 3 rgs en m. end.
Rg de dim. suiv. : 1 m. end., 1 surjet simple, tric. toutes les m. à l'end. jusqu'à 3 m. de la fin du rg, 2 m. ens. à l'end., 1 m. end.
Tric. 1 rg en m. end. (Rab. toutes les m. pour la taille 2).
Rg de dim. suiv. : 1 m. end., 1 surjet simple, 6 m. end., 1 surjet simple, 5 m. end., 2 m. ens. à l'end., 10 m. end., 2 m. ens. à l'end., 1 m. end.
Tric. 5 rgs en m. end. et arrêter le travail.
Tric. un 2e chausson identique. Assembler les chaussons en grafting (voir page 106), en veillant à faire des coutures bien plates.

Chapitre 6

les sacs

Sac en patchwork en angora

Ce sac multicolore est parfait pour utiliser les restes de tissus et de fils. Ses coutures dorées ajoutent encore à son originalité.

FOURNITURES

Crochet n° 3

Fil A : lambswool d'épaisseur moyenne gris foncé, 20 g (pour 5 carrés)

Fil B : angora vert mousse, 20 g (pour 5 carrés)

Fil C : lambswool d'épaisseur moyenne chocolat, 30 g (pour 4 carrés et les poignées)

Fil D : angora marron, 15 g (pour 4 carrés)

Fil E : lambswool d'épaisseur moyenne vert foncé, 20 g (pour 4 carrés)

Fil F : lambswool d'épaisseur moyenne dorée, 20 g

Suffisamment de flanelle pour confectionner la doublure 22 carrés de 8 cm de côté

ÉCHANTILLONS

Carrés en lambswool :

16 m.s. et 15 rgs = 8 x 8 cm

Carrés en angora :

15 m.s. et 16 rgs = 8 x 8 cm

DIMENSIONS

Environ 28 cm (largeur) x 25 cm (longueur, sans les poignées)

Réalisation des carrés en lambswool

Monter 1 ch. de base de 16 m.l.

1er rg : 1 m.l. pour tourner, sauter la 1re m.l. à partir du crochet, 1 m.s. dans chaque m.l. jusqu'à la fin du rg (16 m.).

2e au 15e rg : 1 m.l., sauter la 1re m.s., 1 m.s. dans chaque m. jusqu'à la fin du rg (16 m.s.).

Réalisation des carrés en angora

Monter 1 ch. de base de 15 m.l.

1er rg : 1 m.l. pour tourner, sauter 1 m.l. à partir du crochet, 1 m.s. dans chaque m.l. jusqu'à la fin du rg (15 m.).

Angora

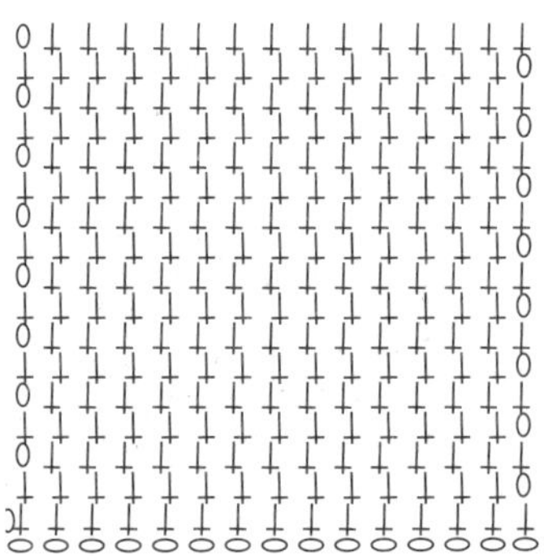

Lambswool

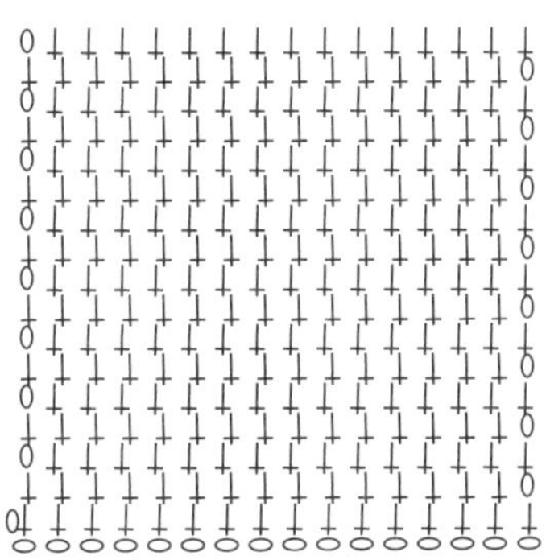

○ *m.l.*

+ *m.s.*

suite >>>

2e au 16e rg : 1 m.l. sauter la 1re m.s., 1 m.s. dans chaque m. jusqu'à la fin du rg (15 m.).

ASSEMBLAGE DES CARRÉS

Disposer les carrés comme sur le schéma de montage de la page suivante, et les assembler au crochet, en faisant des mailles serrées avec le fil doré.

POIGNÉES

Avec le fil C, monter 1 ch. de base de 105 m.l.
1er au 3e rg : 1 m.l. pour tourner, sauter la 1re m., 1 m.s. dans chaque m.l. jusqu'à la fin du rg (105 m.).
4e et 5e rgs : avec le fil F, 1 m.l. pour tourner, sauter la 1re m. à partir du crochet, 1 m.s. dans chaque m. jusqu'à la fin du rg (105 m.).
6e au 8e rg : avec le fil C, 1 m.l., sauter la 1re m., 1 m.s. dans chaque m. jusqu'à la fin du rg (105 m.).

CONFECTION DE LA DOUBLURE

Couper la doublure en utilisant le schéma de montage ci-contre comme patron (1 carré = 8 cm de côté).
Glisser le sac en tissu dans le sac en crochet, envers contre envers, et les coudre ensemble en haut du sac, en prenant les poignées dans la couture (cette dernière sera invisible sur l'extérieur du sac.)

Fil A

Fil B

Fil C

Fil D

Fil E

Pochettes en anneaux

Ces petites pochettes sont parfaites pour protéger un poudrier des rayures ou, pire, éviter qu'il ne s'ouvre dans un sac à main. Elles sont faites en recouvrant des anneaux de rideau, comme ceux que vous avez peut-être conservés dans le fond d'un tiroir ou d'une boîte à couture.

FOURNITURES

Crochet n° 3
Boutons-pressions à riveter
Aiguille à broder

Pochette A :

32 anneaux de 25 mm de diamètre
1 anneau de 12 mm de diamètre
Laine rouge d'épaisseur moyenne, 10 g
18 x 31 cm de feutrine verte
20 x 35 cm de coton imprimé pour la doublure

Pochette B :

50 anneaux de 12 mm de diamètre
Fils divers, 10 g
14,5 x 22 cm de feutrine jaune
16 x 25 cm de coton imprimé pour la doublure

DIMENSIONS

Pochette A : 18 x 15,5 cm
Pochette B : 14,5 x 11 cm

Réalisation de la pochette A

Faire 4 bandes de 8 anneaux avec la laine rouge en suivant le schéma de la page suivante. Pour cela, faire 16 m.s. autour de la moitié d'1 anneau de 25 mm de diamètre, rép. sur les anneaux suiv., couvrir le 8e anneau de 32 m.s. puis revenir le long de la bande en couvrant la seconde moitié des anneaux précédents.
Coudre les 4 bandes sur la moitié de la feutrine et entre elles.
Couvrir de 20 m.s. 1 petit anneau de 12 mm de diamètre et les fixer au milieu du haut de la pochette.

suite >>>

Plier la doublure en deux, endroit contre endroit, et coudre ses bords à la machine ou à la main, au point arrière. Plier un ourlet le long de l'ouverture. Plier la feutrine et l'assembler à la doublure au point de feston au niveau des coutures et en haut de l'ouvrage. Si nécessaire, fixer un bouton pression au milieu de l'ouverture.

Réalisation de la pochette B

Faire 5 bandes de 10 anneaux en suivant le schéma de droite. Commencer par faire 10 m.s. autour de chaque anneau, en changeant de couleur entre chaque anneau. Couvrir le 10e anneau de 20 m.s. et remonter le long de la bande. Fixer les anneaux sur la moitié de la feutrine et terminer comme pour la pochette A.

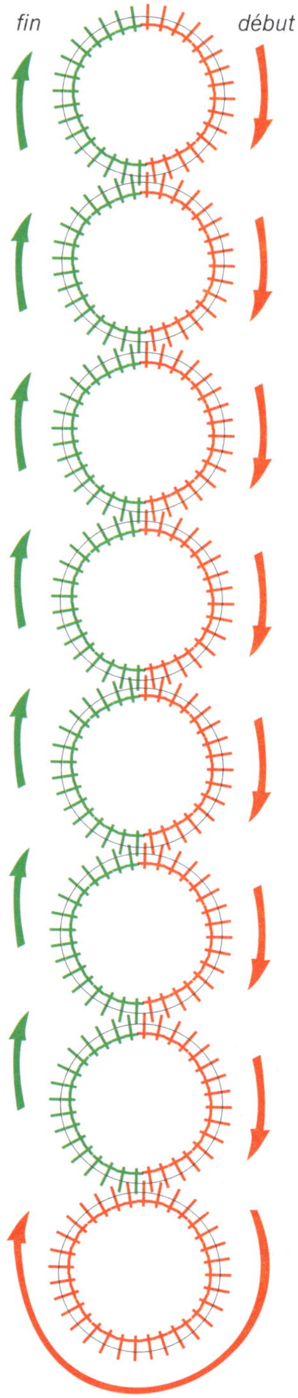

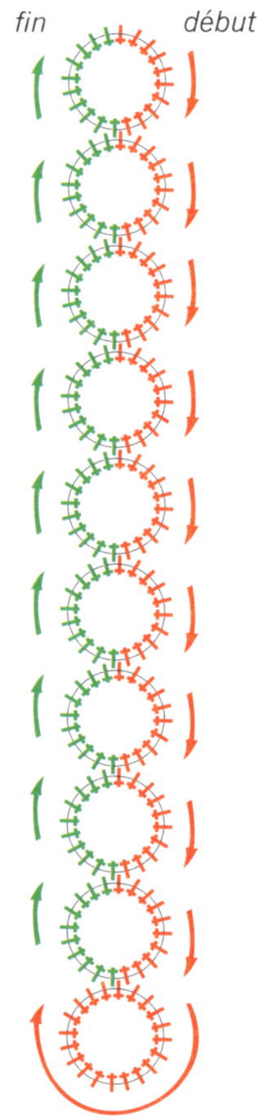

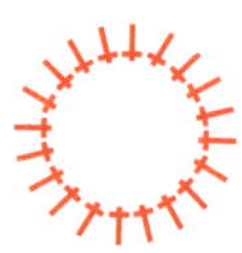

 *m.s.*

 *anneau de 12 mm*

 *anneau de 25 mm*

Porte-monnaie zigzag

Ces petits porte-monnaie colorés sont entièrement crochetés en brides. Au changement de couleur, le nouveau fil est crocheté sur le précédent et recouvre un certain nombre de brides pour former un travail épais et dessiner des chevrons.

FOURNITURES

Des fils d'épaisseur moyenne de 6 couleurs différentes, 5 g de chaque couleur

1 bouton de 2,5 cm de diamètre

ÉCHANTILLON

22 m. et 37 rgs = 10 x 10 cm

DIMENSIONS

10,5 x 8 cm

Point de zigzag au crochet

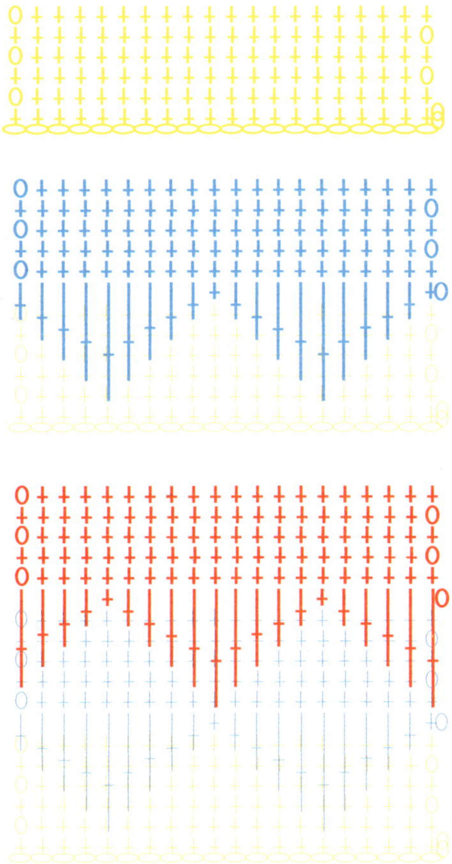

suite >>>

Réalisation

Avec le fil A, faire 1 ch. de base de 22 m.l.

1er rg : faire 1 m.s. dans la 3e m.l. à partir du crochet, 1 m.s. dans chaque m.l. jusqu'à la fin du rg. Tourner.

2e rg : 1 m.l. pour tourner (compte pour la 1re m.s., sauter la 1re m., 1 m.s. dans chaque m. Tourner.

3e au 6e rg : rép. le 2e rg.

7e rg : prendre le fil 2 et faire 1 m.l. *1 m.s. dans la m. suiv., en sautant 1 rg, 1 m.s. dans la m. suiv. en sautant 2 rgs, 1 m.s. dans la m. suiv. en sautant 3 rgs, 1 m.s. dans la m. suiv. en sautant 4 rgs, 1 m.s. dans la m. suiv. en sautant 5 rgs, 1 m.s. dans la m. suiv. en sautant 4 rgs, 1 m.s. en sautant 3 rgs, 1 m.s. en sautant 2 rgs, 1 m.s. en sautant 1 rg, 1 m.s. dans la m. suiv., rép. depuis * jusqu'à la fin du rg.

8e au 12e rg : avec le fil 2, rép. le 2e rg.

13e rg : prendre le fil 3 et faire 1 m.l., 1 m.s. dans la 1re m. en sautant 5 rgs *1 m.s. dans la m. suiv. en sautant 4 rgs, 1 m.s. dans la m. suiv. en sautant 3 rgs, 1 m.s. dans la m. suiv. en sautant 2 rgs, 1 m.s. dans la m. suiv. en sautant 1 rg, 1 br. dans la m. suiv., 1 br. dans la m. suiv. en sautant 2 rgs, 1 br. dans la m. suiv. en sautant 3 rgs, 1 br. dans la m. suiv. en sautant 4 rgs, 1 br. dans la m. suiv. en sautant 5 rgs, rép. depuis * jusqu'à la fin du rg. Tourner.

14e au 18e rgs : avec le fil 3, rép. le 2e rg.

Rép. ce motif en zigzag en alternant les 6 couleurs jusqu'à ce que le trav. mesure environ 20,5 cm (environ 75 rgs) et arrêter le travail. Plier le rectangle comme montré ci-dessous.

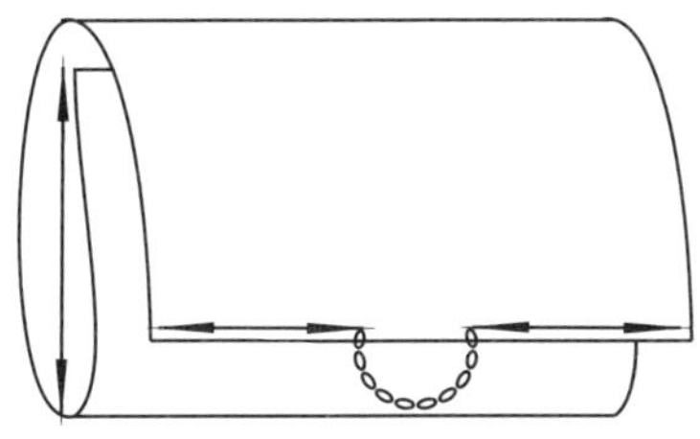

Crocheter une bordure en m.s. en assemblant les bords par la même occasion.

Fixer un bouton sur l'avant du porte-monnaie et crocheter une bride au milieu du rabat, au bord : relever 1 m. le long du bord, faire 10 m.l. sauter 5 m. et fermer la bride par 1 m.c.

Au moment de changer de couleur, il faut veiller à faire passer le fil de travail autour des autres pour former un bord net.

Sac feutré au crochet

Ce petit sac à main feutré est très rapide à fabriquer et a une taille parfaite pour aller faire les courses. Une broche feutrée suffit pour l'habiller.

FOURNITURES

Crochet n° 9
Pure laine, 360 g (utilisée en double et en 4 épaisseurs)
Aiguille à tapisserie

ÉCHANTILLON

9 m. et 7 rgs = 10 x 10 cm (après feutrage)
Tous les fils ne feutrant pas à la même vitesse, il faut commencer par faire des échantillons et les laver pour voir l'effet obtenu avant de se lancer dans la réalisation du modèle.

DIMENSIONS

24 x 39 cm (base : 11,5 x 36 cm)

Réalisation

BASE

Commencer par la base du sac : monter 1 ch. de base de 10 m.l. et faire 27 rgs en m.s. avec la laine en 4 épaisseurs.
Relever 86 m. tout autour de la base et crocheter 20 rgs en m.s.
Au dern. rg, faire 1 picot toutes les 6 m. en procédant de la manière suivante : *6 m.s., 4 m.l., repiquer dans la m. de base du picot, rép. depuis * tout autour du bord. Arrêter le travail.

CÔTÉS

Prendre le fil en double, monter 1 ch. de base de 10 m.l. et faire 16 rgs en m.s. Crocheter un second carré identique. Coudre les deux carrés ensemble sur les côtés, puis assembler à la base du sac, avec 1 aig. à tapisserie et un fil assorti.

POIGNÉES

Prendre le fil en double, monter 1 ch. de base de 5 m.l. et faire 20 rgs en m.s. Crocheter 1 seconde poignée identique à la première et coudre les poignées en haut du sac. Rentrer tous les fils puis laver le sac à 60 °C pour le feutrer, en vous basant sur la vitesse de feutrage de vos échantillons.

Chapitre 7

sweet home

Coussins duveteux en forme de nuage

Ces coussins légers et moelleux apporteront à votre intérieur une touche aérienne. Le plus grand nécessite beaucoup de pompons. Demandez de l'aide à vos enfants, ou organisez un « atelier pompons » avec des amis pendant que vous avez encore les pieds sur terre…

FOURNITURES

Aiguille à tapisserie

Grand coussin : pour 120 pompons de 3 cm de diamètre, 200 g de laine très pâle, par exemple blanche, crème, gris pâle ou rose pâle
Tissu pour le dessus : 35 cm x 55 cm de flanelle de laine crème
Tissu pour le dessous : 35 cm x 55 cm de satin de soie crème

Coussin de taille moyenne : pour 30 pompons de 5 cm de diamètre, 150 g de laine très pâle, par exemple blanche, crème, gris pâle ou rose pâle
Tissu pour le dessus : 30 cm x 50 cm de tissu duveteux crème
Tissu pour le dessous : 30 cm x 50 cm de satin de soie crème

Petit coussin : 10 g de gros fil flammé crème et 10 g de laine fine crème
Tissu pour le dessus : 25 cm x 35 cm de flanelle de laine crème
Tissu pour le dessous : 25 cm x 35 cm de satin de soie crème

Pour toutes les tailles : rembourrage en polyester

DIMENSIONS

Petit coussin : 28 x 16 cm
Coussin de taille moyenne : 42 x 25 cm
Grand coussin : 50 x 29 cm

GABARIT POUR LES POMPONS

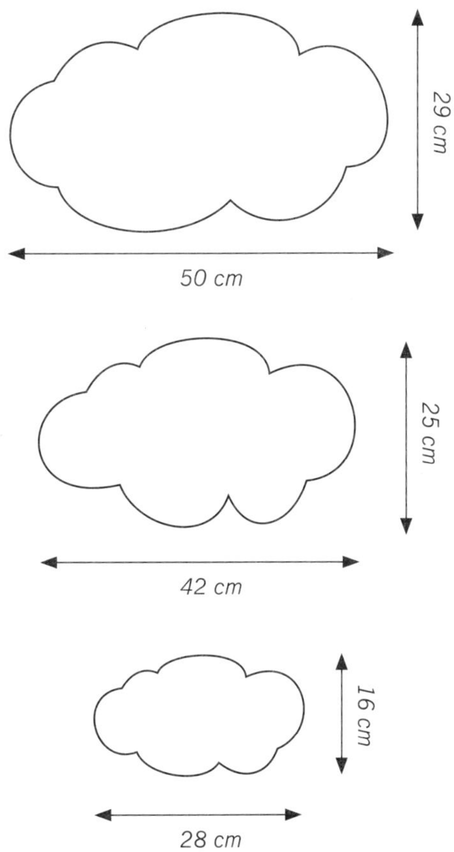

suite >>>

Réalisation

GRAND COUSSIN

Couper le dessus et le dessous du coussin à l'aide du grand gabarit en forme de nuage. Coudre ensemble le dessus et le dessous du coussin, endroit contre endroit, en laissant une ouverture de 20 cm pour pouvoir le rembourrer. Confectionner 120 pompons de 3 cm de diamètre, retourner le coussin sur l'endroit et coudre les pompons sur le dessus du coussin.

Remplir le coussin avec du rembourrage en polyester et fermer l'ouverture.

COUSSIN DE TAILLE MOYENNE

Couper le dessus et le dessous du coussin à l'aide du gabarit de taille moyenne en forme de nuage.
Coudre ensemble le dessus et le dessous du coussin, endroit contre endroit, en laissant une ouverture de 20 cm pour pouvoir le rembourrer. Confectionner 30 pompons de 5 cm de diamètre, retourner le coussin sur l'endroit et coudre les pompons sur le dessus du coussin. Remplir le coussin avec du rembourrage en polyester et fermer l'ouverture.

PETIT COUSSIN

Couper le dessus et le dessous du coussin à l'aide du petit gabarit en forme de nuage. Avec le fil fin crème, coudre le gros fil flammé crème sur le dessus du coussin. Coudre ensemble le dessus et le dessous du coussin, endroit contre endroit, en laissant une ouverture de 20 cm. Retourner le coussin sur l'endroit, remplir de rembourrage et fermer l'ouverture.

Tapis au crochet

Les ouvrages au crochet sont rarement destinés à orner le sol, mais ce tapis chaud et moelleux saura trouver sa place dans votre intérieur. Si vous le faites en pure laine et le feutrez au premier lavage, il sera encore plus beau et plus résistant.

FOURNITURES

Crochets n° 9 et 7
Fil A (coloris principal) : grosse laine grise, 500 g
Fil B : laine rose pâle, 20 g
Fil C : laine jaune, 20 g
Fil D : laine verte, 20 g
Fil E : laine vert-jaune, 20 g
Fil F : laine turquoise, 20 g
Fil G : laine rose vif, 20 g

Réalisation

GRAND CERCLE BICOLORE (À FAIRE 16 FOIS)

Avec le crochet n° 9 et le fil B à G de votre choix, faire 1 ch. de base de 16 m.l. fermée en cercle par 1 m.c.

1er tr : faire *4 m.l., 1 br. dans le cercle de base, rép. depuis * jusqu'à ce que vous ayez 16 br., fermer par 1 m.c.

2e tr : faire *1 br. dans 1 br., 4 m.l., sauter 1 br., rép. 7 fois depuis * et fermer par 1 m.c. (8 br.).

Pour les 3 trs suiv., utiliser le fil A, commencer chaque tour par 3 m.l. et le fermer par 1 m.c.

3e tr : *3 br. coulées ens., 3 m.l., rép. 7 fois depuis *.

4e tr : *3 br. coulées ens., 1 m.l., 3 br. coulées ens. dans le même arc., 3 m.l., rép. 7 fois depuis *.

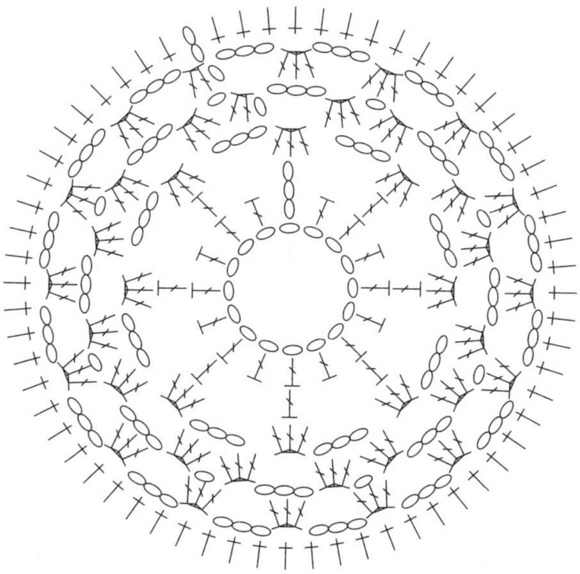

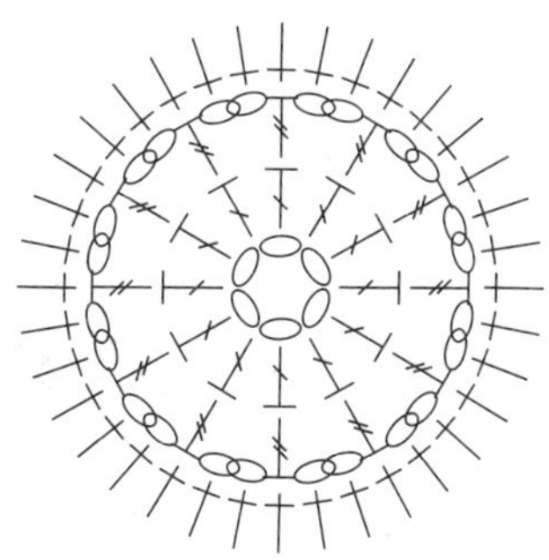

- *m.l.*
- *m.s.*
- *br.*
- *dble br.*

suite >>>

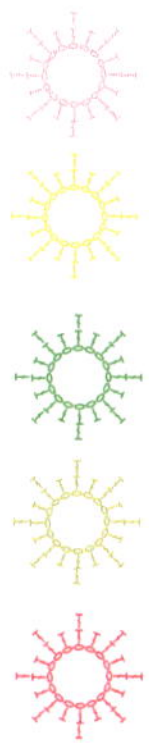

rose pâle

jaune

vert

vert-jaune

rose vif

5ᵉ tr : *3 br. coulées ens. dans l'arc. suiv., 3 m.l., rép. 15 fois depuis *.

6ᵉ tr : faire tout le tr en m.s., en faisant 3 m.s. dans chaque arc. de 3 m.l. et 1 m.s. dans chaque groupe de 3 br. coulées ens.

Arrêter le travail et rentrer les fils.

PETIT CERCLE (À FAIRE 10 FOIS)

Avec le crochet n° 7 et le fil A, faire 1 ch. de base de 6 m.l. fermée en cercle par 1 m.c.

1ᵉʳ tr : faire 12 br. dans le cercle de base, fermer le tr par 1 m.c.

2ᵉ tr : *1 dble br. dans la br. suiv., 2 m.l., rép. depuis * jusqu'à la fin du tr.

3ᵉ tr : faire 1 m.s. dans chaque m. et arrêter le trav.

Assembler chaque petit cercle à 4 grands cercles, à la main, en suivant le schéma de montage.

Couvre-lit de grand-mère

Ce grand dessus-de-lit est facile à faire car il est composé de petits carrés crochetés individuellement. Une pelote de laine et un crochet suffisent pour avancer le travail, où que vous vous trouviez. Le modèle présenté ici a été fait avec cinq nuances naturelles, mais vous pouvez choisir d'autres couleurs pour l'assortir à votre intérieur.

FOURNITURES

1 crochet

Fil A : écru, 280 g

Fil B : beige, 280 g

Fil C : marron, 280 g

Fil D : gris, 280 g

Fil E : avoine, 300 g

Aiguille à tapisserie

ÉCHANTILLON

1 carré : 8,5 x 8,5 cm

DIMENSIONS

120 x 138 cm

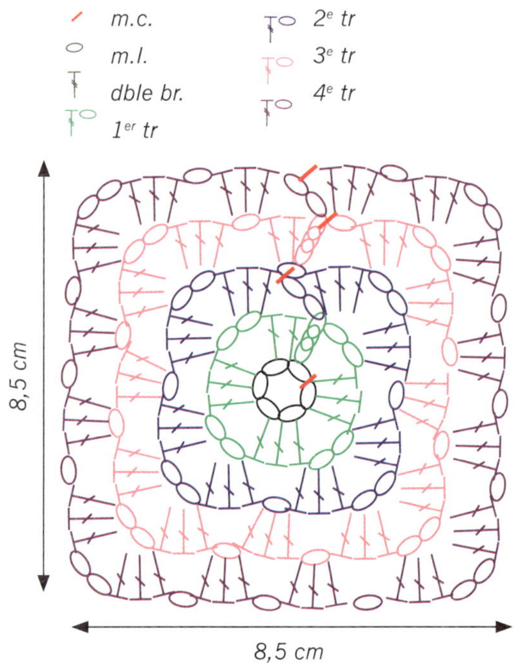

Réalisation d'un carré

Monter 1 ch. de base de 6 m.l. et la fermer par 1 m.c. pour former un cercle.

1er tr : 3 m.l. (comptent pour 1 dble br.), 2 dble br. dans le cercle, 2 m.l. *3 dble br., 2 m.l., rép. 3 fois depuis *.

2e tr : 2 m.l., (3 dble br., 2 m.l., 3 dble br.) dans le 1er arc. de m.l. pour former un angle, *1 m.l., (3 dble br., 2 m.l., 3 dble br.) dans l'arc. de m.l. suiv., rép. 2 fois de plus depuis * et fermer le tr par 1 m.c. dans la 2e ml du début du tr.

3e tr : 3 m.l., 2 dble br. dans le 1er arc. de m.l., 1 m.l. *(3 dble br., 2 m.l., 3 dble br.) dans l'arc. de 2 ml suiv., 1 m.l., 3 dble br. dans l'arc. d'1 m.l. suiv., 1 m.l., rép. 2 fois depuis *, 3 dble br., 2 m.l., 3 dble br. dans le dern. arc. de 2 m.l., 1 m.l. Fermer le tr par 1 m.c. dans la 3e ml du début du tr.

4e tr : 2 m.l., 3 dble br. dans l'arc. d'1 m.l. suiv., 1 m.l., *(3 dble br., 2 m.l., 3 dble br.) dans l'arc. de 2 ml suiv., 1 m.l., 2 fois (3 dble br. dans l'arc. d'1 m.l. suiv., 1 m.l.), rép. 2 fois depuis *, (3 dble br., 2 m.l., 3 dble br.) dans le dern. arc. de 2 m.l., 1 m.l., 3 dble br. dans le dern. arc. de 1 m.l. Fermer le tr par 1 m.c. dans la 2e ml du début du tr. Arrêter le travail.

Crocheter 44 carrés d'une couleur et 45 des autres, de manière à avoir 224 carrés en tout.

suite >>>

NO.3～NO.5

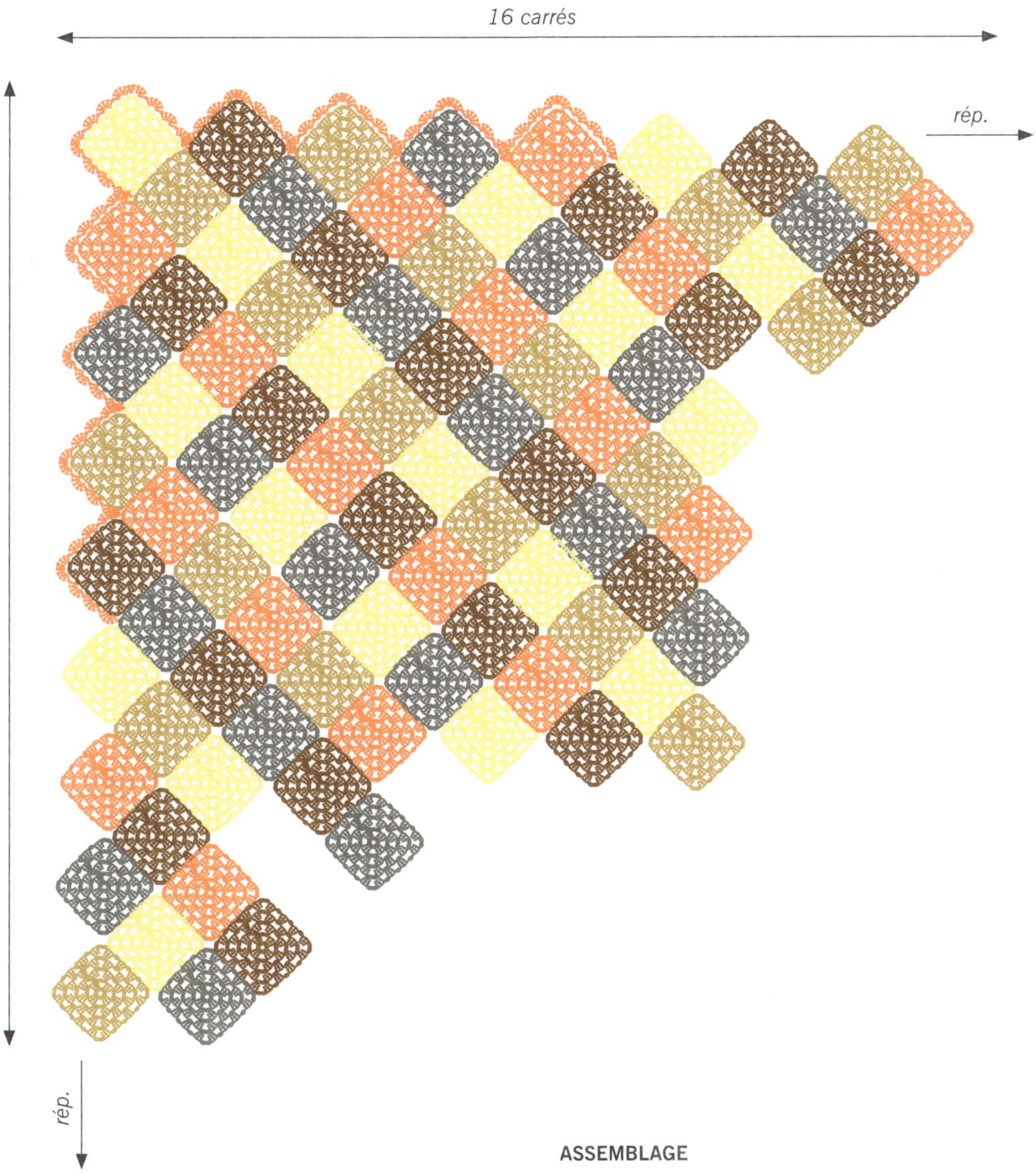

Écru

Beige

Marron

Gris

Avoine

ASSEMBLAGE

Disposer les carrés comme indiqué sur le schéma.

Avec le fil E (ou celui dont il vous reste le plus), assembler les carrés au point de surjet avec une aiguille à tapisserie ou à l'aide de mailles serrées, avec un crochet.

Faire une bordure festonnée tout autour de l'ouvrage : relever 1 m. le long du bord, faire 1 m.c., *sauter 2 m., 6 dble br. dans la même m., 1 m.c. dans la m. suiv., rép. depuis * sur tout le tour de l'ouvrage.

Coussin en patchwork

Ce petit coussin est idéal pour utiliser des restes de matériaux que vous conservez sans but précis.

FOURNITURES

Restes de ruban
Laine à tapisserie et fil à broder en soie
Chutes de tissu
Morceaux coupés dans de vieux vêtements
2 carrés de tissu de 30 x 30 cm pour la doublure
Boutons ou anneaux
Coussin ou rembourrage en polyester

DIMENSIONS

27 x 27 cm

Réalisation

Poser les carrés de doublure à plat et disposer dessus des chutes de matériaux que vous avez réunies, en veillant à équilibrer les textures et les couleurs. Recouper les morceaux aux endroits voulus afin qu'ils se chevauchent légèrement.
Une fois satisfait du résultat, épingler et bâtir chaque morceau sur la doublure.
Utiliser la laine et le fil à broder pour décorer les coutures à l'aide de points de broderie décoratifs (point d'épine, de feston, point avant, rangée de points de nœud, etc.).
Ajouter des boutons ou des motifs confectionnés au crochet avec des restes de laine.

Poser l'un sur l'autre le dessus et le dessous du coussin, endroit contre endroit, et assembler trois des côtés à 1,5 cm des bords. Retourner l'ouvrage, glisser un coussin dedans ou le rembourrer et fermer l'ouverture à la main.

Coussins fantaisie

Allongez-vous sur votre canapé et admirez ces cousins multicolores. Commencez par confectionner des cercles colorés puis disposez-les sur vos housses en vous inspirant des modèles présentés ci-dessous ou en suivant votre inspiration.

FOURNITURES

Feutrine violette : 40 x 50 cm
Tweed : 35 x 50 cm
Feutrine verte : 40 x 10 cm
Fil violet d'épaisseur moyenne
Fil violet fin brillant
Fil violet fin mat
6 anneaux métalliques d'environ 1,5 à 5 cm de diamètre
2 boutons pour chaque coussin
Coussins pour garnir les housses
Aiguille à tapisserie
Crochet n° 3
Poinçon ou perforatrice

DIMENSIONS

Coussin rectangulaire : 30 x 40 cm
Cousin carré : 30 x 30 cm

RÉALISATION D'UN COUSSIN

Reporter les dimensions du dessus de la housse sur le tissu et couper à 1,5 cm du trait. Couper le nombre voulu de cercles dans la feutrine en suivant le schéma. Percer les bords des cercles avec un poinçon ou une perforatrice et, avec le crochet, faire un rang de mailles serrées autour de chaque cercle. Coudre sur chaque dessus de coussin les anneaux et les volutes, en suivant les schémas de placement de la page suivante.

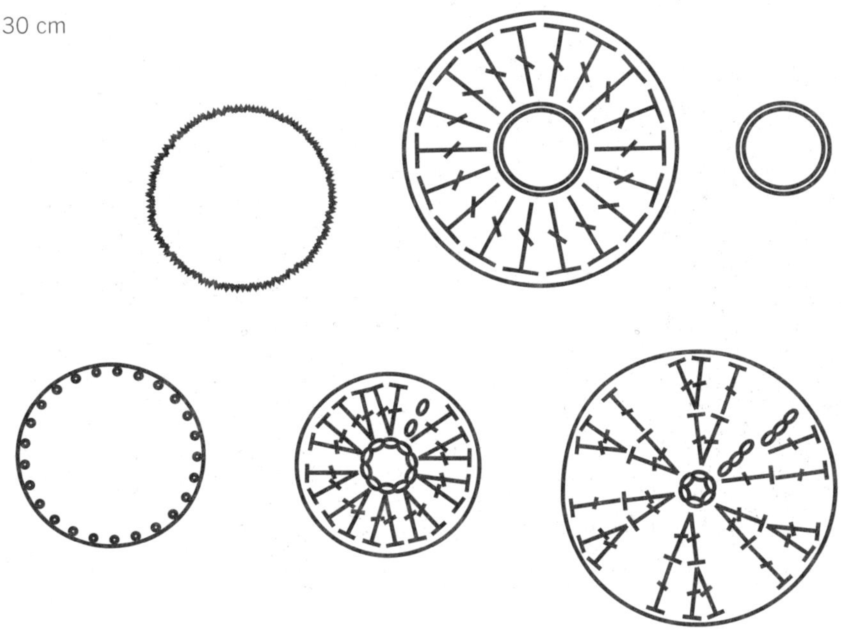

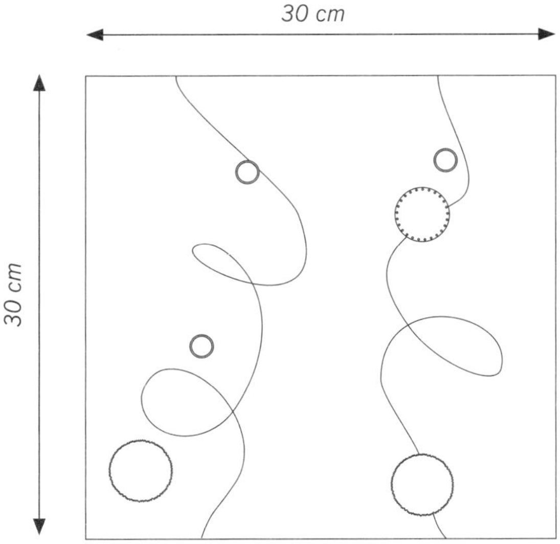

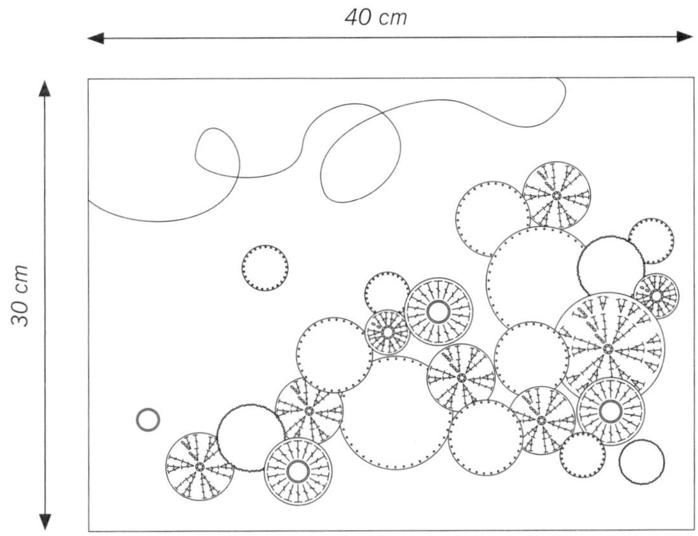

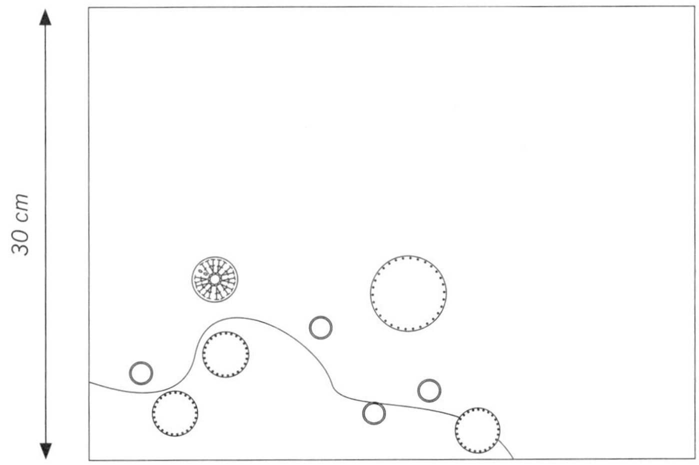

ASSEMBLAGE

Une fois le dessus de la housse décoré, couper les deux morceaux de l'arrière de la housse, en suivant le schéma. Ourler les deux bords destinés à se chevaucher au milieu du coussin. Poser le dessus de la housse à plat, endroit vers le haut et placer par-dessus les deux moitiés de l'arrière de la housse, en faisant se chevaucher les bords ourlés. Coudre les bords de la housse, retourner l'ouvrage et glisser le coussin dedans. Coudre deux boutons sur l'une des moitiés de l'arrière de la housse et faire deux brides en vis-à-vis, sur l'autre moitié.

Remerciements

Un grand merci à tous ceux qui m'ont aidé à réaliser ce livre :
Mme Doreen Harris et ses tricoteuses, Kasai, Mme Manami Shimazaki,
Mme Doreen Payne, Mme Kayoko Brown, Mlle Tomoko Hatano,
Mme Phyllis Van der Merwe pour ses appliqués,

Mme Llona Pierskalla, Mme Alma Everritt, Catriona et James Maloney
qui ont posé pour les photos,
Mme Katy Bevan pour son suivi d'édition, Mme Naomi Johnstone
pour avoir dessiné les dessins techniques,
à Mr Koji Udo, Mlle Hiroko Mori and Kumi Saito pour les jolies photos,
à Doreen et Angela de Queene and Belle (www.queenandbelle.com)
pour m'avoir permis de faire des photos dans leur studio écossais.

à Mme Tamayo Suzuki et Mme Alison Thomas pour m'avoir aidé
dans mon atelier...

à Craig, André and Sabine, mes sources d'inspiration...

TRADUCTION : HÉLÈNE NICOLAS
DESSINS DE ALICE CHADWICK (PAGES 6 À 17)
& NAOMI JOHNSTONE (DESSINS TECHNIQUES DES PROJETS)
SECRÉTARIAT D'ÉDITION : MARIE MAUNIER
RELECTURE ET CORRECTION : DOMINIQUE DE MONTEMBAULT
CONCEPTION GRAPHIQUE : DIMITRI MAJE

ISBN : 978-2-501-03876-8
codification : 4035556
Dépôt légal : sept 2008
Imprimé en Espagne par Graficas Estella